GELD VERDIENEN IM INTERNET

10 Praxiserprobte Strategien

Gründer.de®
Für Startups, Unternehmer, KMUs & Selbstständige

ISBN 978-3-947473-09-0

2. Auflage

Inhalt

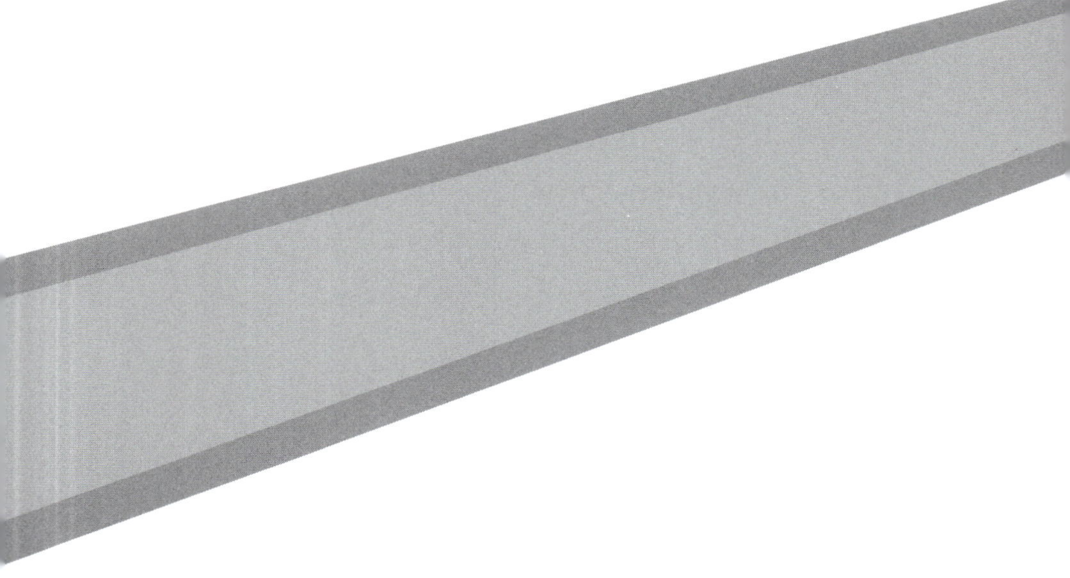

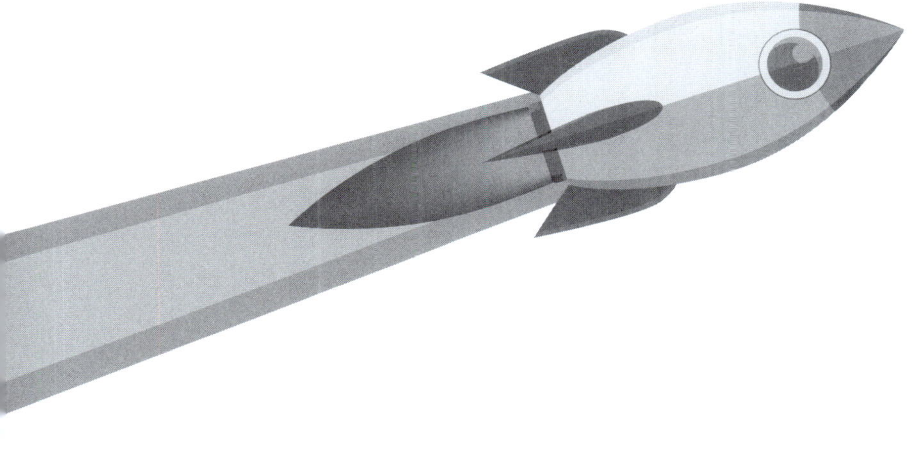

Vorwort

Thomas Klußmann

Es war Weihnachten 2010 in einem ruhigen Vorort von Paderborn. 3 Wochen zuvor hatte ich zum ersten Mal Christoph Schreiber getroffen. Wir saßen zusammen am Tisch und schmiedeten Pläne, gemeinsam auf der Domain www.gruender.de eine Wissensplattform für Unternehmensgründer aufzubauen. Bereits im Januar 2011 gründeten wir auch schon die GmbH, zusammen mit Prof. Dr. Oliver Pott als strategischen Partner und dritten Gesellschafter – und im Februar begannen wir mit der operativen Arbeit.

Bereits 6 Monate nach der Gründung hatten wir über 100.000 Besucher auf unserer Webseite und über 2.000 Personen hatten eines unserer Coaching-Produkte gekauft. Christoph und ich bauten das Business in Rekordgeschwindigkeit weiter aus. Wir flogen 2011 in die USA, um näher am Puls der Online-Welt zu sein. Ein fantastischer Trip - auf den wir heute gerne zurückblicken.

Wir waren auf einem echten Höhenflug. Doch es kam dann ganz anders: Nach einem Jahr, im Januar 2012, zogen wir Bilanz. Wir schlossen das Jahr mit einem Umsatz von einer Drittel Millionen Euro ab. Wir waren darauf sehr stolz, aber die immensen Werbeausgaben, die das Wachstum und den Umsatz finanzierten, drückten den Gewinn dramatisch nach unten. Christoph hatte andere Ansichten über die weitere Entwicklung der Firma als ich. Details erspare ich euch. Freundlich aber emotionslos trennte man sich. Oliver und ich kauften Christoph aus der Firma raus, ich machte operativ alleine weiter.

Die Wege trennten sich. Zunächst.

Christoph, der für Gründer.de sein Masterstudium pausierte, beendete dieses endlich. Und er ließ es sich nicht nehmen, mich mal zu einem SC Paderborn Fußballspiel einzuladen. Diese Vorliebe teilten wir. Ich revanchierte mich mit gegrillten Steaks auf meiner Terrasse, er sich wiederum mit Cocktails in Köln, woraufhin ich ihn zum Geburtstag einlud und er sich mit einer Gegeneinladung revangierte – wie in einer gescheiterten Beziehung, wo der eine nicht vom anderen lassen kann.

Manchmal muss man Menschen eine zweite Chance geben!

Und die gaben wir uns im Frühjahr 2013. Ich wollte mein eigenes Eventformat aufbauen und war zwar in der Lage Tickets an die Gründer.de-Kunden zu verkaufen, hatte jedoch keine Zeit das Event zu organisieren. Christoph übernahm die Organisation und baute die Webseite. Wir hatten einen 50/50 Deal und waren wieder im Geschäft. Die Conversion und Traffic Konferenz „Contra" wurde geboren (www.die-contra.de) und der Contra folgte noch ein zweites Format, die „One Idea Mastermind"

www.oneidea.de

Im Frühjahr 2014 stand die Planung der nächsten Contra an. Ich durchlebte jedoch gerade die Trennung und steckte in einer Krise. Das Letzte worauf ich Lust hatte, war ein unprofitables Projekt mit gigantischem Organisationsaufwand – wie die Contra. Ganz ehrlich, wegen mir wäre die Contra in diesem Jahr gestorben. Doch Christoph war da, boxte die Contra in diesem Jahr fast im Alleingang durch. Er zog mich mit. Die Contra war ein Erfolg. Sie wuchs in den Folgejahren auf über 1.000 Teilnehmer.

Lieber Leser, umgebe dich mit Menschen, die dich unterstützen, auf die du zählen kannst, wenn es nicht so gut läuft und die dich weiter pushen, wenn es richtig gut läuft. Das Leben ist keine Einbahnstraße. Und du brauchst Menschen die dich auffangen, wenn du fällst. Genauso wie du Menschen auffangen solltest, wenn sie fallen.

Aufgrund des Erfolges der Contra und der One Idea Mastermind gründeten Christoph und ich 2016 unsere zweite Firma, die Digital Beat GmbH. Die beiden Eventformate sind gemeinsam mit dem Erfolgskongress richtungsweisend in Deutschland geworden.

Bei Gründer.de übernahm ich 2015 die verbleibenden 49 %-Anteile von Oliver Pott für einen 6-stelligen Betrag. Dies geschah als Schlussfolgerung meines Umzuges von Paderborn nach Köln, was wiederum mein Fazit aus meiner Weltreise 2014 war. Im Mai 2017 kaufte dann Christoph wiederum 50 % der Anteile an Gründer.de. Sodass wir zu dem Zeitpunkt zwei Firmen mit je 50/50-Anteil besaßen.

Alle Hebel wurden auf Wachstum gestellt und wir holten mit Sascha Ahlers einen Experten für Online Marketing mit ins Boot, der als Projektleiter Gründer.de fast eigenständig weiterentwickelt, damit Christoph und ich uns noch weiter auf unsere Kernkompetenzen und den Ausbau der beiden Firmen konzentrieren können.

Ohne das Internet wäre mein ganzes Leben anders verlaufen.

Vorwort

Sascha Ahlers

Nicht nur privat nutze ich es tagtäglich, sondern ich verdiene damit natürlich auch mein Geld. Mein erster selbst verdienter Euro kam nicht vom Zeitungen austragen, sondern von Werbeanzeigen auf einer meiner Webseiten. Noch bevor ich schließlich als 16-jähriger meine Selbständigkeit mit Einverständnis meiner Eltern starten durfte. Mittlerweile sind es bald 15 Jahre, in denen ich mein Geld zum Leben nur dem Internet zu verdanken habe.

Im laufe der Jahre haben sich die Methoden, Wege und Strategien, Geld im Internet zu verdienen, natürlich laufend geändert - und das ist einer von vielen Punkten, die das Internet so spannend machen: Immer wieder neue Chancen von Anfang an dabei zu sein und davon entsprechend zu profitieren. Und gleichzeitig muss man dabei nicht einmal das Haus verlassen: Einfach den Computer an - oder mittlerweile sogar einfach nur das Handy gezückt - und schon kann das Geld verdienen losgehen.

Mit diesem Buch möchte ich nun meine Erfahrungen aus den letzten 15 Jahren weitergeben und vielen weiteren Menschen die Gelegenheit bieten, sich entweder ein zweites Standbein aufzubauen oder sogar ihren "9-to-5-Job" zu kündigen und finanziell frei und unabhängig zu sein.

Gerade im Internet gibt es natürlich eine Menge Informationen, wie man angeblich ganz schnell und einfach reich werden kann - und dabei eigentlich keinen Finger rühren muss. Dabei sind sicherlich auch einige leere Versprechungen dabei, allerdings lässt sich wohl mit Sicherheit sagen, dass es kaum einen anderen "Ort" gibt, an dem man so schnell und einfach Geld verdienen kann: Keine hohen Investitionskosten, oft nur wenig technisches Verständnis benötigt und die Möglichkeit, von überall auf der Welt zu arbeiten sind nur einige Punkte, warum mich dieses Thema die letzten Jahre immer weiter begeistern konnte. Ich hoffe dich mit diesem Buch ebenso inspirieren wie auch motivieren zu können, dein Glück im Internet zu versuchen und wünsche dir dabei maximale Erfolge bei deinen Unternehmungen.

Beste Grüße aus Berlin und Köln,

Dein Sascha Ahlers & Thomas Klußmann

Kapitel 1

Digitale Infoprodukte

Viele Menschen träumen von der Selbstständigkeit und von einem eigenen Online-Business. Viele von ihnen glauben aber, dass der Aufbau eines erfolgreichen Online Businesses teuer und kompliziert ist. Doch genau an diesem Punkt irren sie, denn es war noch nie so einfach wie heute, ein Unternehmen im Internet zu gründen. Es ist nur eine Frage des Fleißes und der Motivation.

Diejenigen, die erst einmal kein großes Risiko eingehen und keine großen Investitionen tätigen möchten, sollten sich überlegen, zunächst einmal mit dem Verkauf von digitalen Infoprodukten zu starten. Dabei können Sie entweder ein Produkt selbst erstellen, was mit der heutigen Technik denkbar einfach ist, oder mittels Affiliate-Marketing die Produkte Anderer bewerben.

Bevor du mit der Produkterstellung beginnst, solltest du dir jedoch genau überlegen, zu welchem Thema das Produkt erstellt wird. Von der Themenwahl nämlich wird später dein Erfolg abhängen.

SCHRITT FÜR SCHRITT ZUM DIGITALEN INFO-PRODUKT

1. Wie Du eine Geschäftsidee findest

Was ist eigentlich ein digitales Infoprodukt?

Zu den digitalen Infoprodukte gehören vor allem Online-Video-Kurse und E-Books, also Produkte, die Kunden später nur digital am Bildschirm vorliegen. Der große Vorteil von digitalen Infoprodukten besteht darin, dass sie nur einmal erstellt werden müssen und beliebig oft verkauft werden können ohne dass dir weitere Kosten entstehen.

Digitale Infoprodukte kann heutzutage wirklich JEDER erstellen. Dazu benötigst du lediglich Software, die deinen Bildschirm aufzeichnet, während du eine Präsentation durchführst oder eine Kamera, mit der du Videos von dir selbst aufnehmen können.

Warum kaufen Menschen digitale Infoprodukte?

Die meisten Internetnutzer durchsuchen täglich das Internet, um Lösungen für verschiedenste Probleme zu finden. Viele Probleme, die Menschen haben, bewegen sich in einem Nischenbereich, der von den großen Internet-Portalen gar nicht oder nur oberflächlich abgedeckt wird.

Mit einem digitalen Infoprodukt kannst du also eine digitale Problemlösung bieten, die einen konkreten Nischenmarkt und eine konkrete Zielgruppe anspricht. Wenn du dich z.B. mit Ernährung auskennst, so kannst du ein kleines E-Book erstellen, in welchem du über ein Nischenthema im Bereich Ernährung berichtest. Das Thema könnte z.B. „Abnehmen mit der Kohlsuppendiät" sein. Falsch wäre jedes Thema, das zu allgemein ist und schon von vielen anderen behandelt wurde.

Bei digitalen Infoprodukten solltest du außerdem berücksichtigen, dass Menschen bereit sind, viel Geld für Produkte auszugeben, die Probleme mit einem hohen Leidensdruck lösen. Deshalb wäre es besser, ein E-Book oder ein Videokurs zum Thema Liebe, Geld oder Gesundheit zu erstellen, anstatt zum Thema Fischzucht oder Haushalt.

Wie findest du nun den idealen Nischenbereich für deine Produkte?

Hole dir zunächst ein blankes Blatt Papier und male ein Smiley in die Mitte. Dieses Smiley soll dich darstellen. Nun male drei Pfeile, die von diesem Smiley wegführen. Der erste Pfeil heißt „Schwierigkeiten, die ich überwunden habe", der zweite heißt „Meine Hobbys" und der dritte heißt „Meine Interessen".

1. Schwierigkeiten, die ich überwunden habe

Jeder von uns stand einmal an dem Punkt, wo er irgendein Problem hatte, das zu diesem Zeitpunkt unlösbar erschien. Dieses Problem, war so stark, dass wir uns ständig damit beschäftigt haben und nicht mehr loslassen konnten.

Notiere dir an dieser Stelle alle Probleme, die du in deinem Leben hattest und die du überwinden konntest.

Beispiele: Du hattest unglaubliche Angst vor Publikum zu sprechen und konntest diese Angst überwinden. Vielleicht hast du ernsthafte finanzielle Schwierigkeiten und konntest auch dieses Problem lösen, usw.

2. Meine Hobbys

Zu diesem Punkt schreibe bitte all deine Hobbys auf, also Tätigkeiten, die du ausschließlich in deiner Freizeit ausübst. Das können sein: Arbeiten im Garten, ein Musikinstrument spielen, eine bestimmte Sportart betreiben, etc.

Falls du keine Hobbys haben solltest, schaue dich in deinem Freundes- und Bekanntenkreis um. Versuche, Hobbys der Menschen in deiner Umgebung zu analysieren. Es könnte durchaus sein, dass deine Freunde oder Bekannte ein interessantes Hobby haben, zu welchem man ein profitables Infoprodukt erstellen könnte.

3. Meine Interessen

Hier mache dir Stichpunkte, zu all den Dingen, für die du dich anderweitig interessierst, die du aber nicht als Hobby betreibst. Dies können folgende Sachen sein:

- Karaoke
- Esoterik
- Computer
- Multimedia
- Astronomie

- Fremdsprachen
- Börse, usw.

Nun hast du sicherlich eine Vielzahl potenzieller Themen, um die du ein Infoprodukt aufbauen kannst. Als nächstes musst du den Markt in Hinblick auf die Nachfrage analysieren, denn wenn es keine Nachfrage für ein bestimmtes Thema gibt, wirst du auch nichts verkaufen können.

2. Potenzialanalyse deiner Geschäftsidee

Wenn Du einfach startest und ein Thema besetzt, ohne dieses zuvor auf sein Potenzial zu überprüfen, wirst du sehr wahrscheinlich scheitern. Nichts könnte ärgerlicher sein als wenn du viel Zeit und Arbeit in den Aufbau eines Web-Projekts investierst und später feststellen musst, dass es nicht funktioniert.

Ein häufiger Grund hierfür - vor allem bei Einsteigern - ist der, dass es keine Nachfrage für das jeweilige Thema bzw. das Produkt oder die Dienstleistung auf diesem Gebiet im Internet gibt. Und genau das ist absolut entscheidend dafür, dass du im Internet mit deinem eigenen Web-Projekt überhaupt erfolgreich sein kannst.

Um das Potenzial deiner Geschäftsideen Schritt für Schritt analysieren zu können, gibt es das Keyword-Tool von Google. Die Suchmaschine Google ist weltweit die wichtigste Suchmaschine und hat derzeit annähernd 90 Prozent Marktanteil alleine in Deutschland. Deshalb ist das Google Keyword-Tool die erste Anlaufstelle, wenn es darum geht, deine Ideen zu überprüfen.

Keyword-Recherche mit dem Google Keyword-Tool

Damit du sicher sein kannst, dass deine Geschäftsidee dich auch zum Erfolg führen wird, musst du zunächst einmal untersuchen, ob für deine Idee überhaupt ein Markt besteht. Das ist meistens dann der Fall, wenn möglichst viele Leute im Internet nach dem Produkt suchen, das du möglicherweise verkaufen möchtest.

Doch die Leute suchen höchstwahrscheinlich nicht direkt nach dem Produkt, was du als angehender Gründer verkaufen möchtest, sondern nach Informationen zu bestimmten Themen, die für diese Leute gerade interessant sind. Und genau das sollte dich interessieren, denn je mehr Menschen sich für ein bestimmtes Thema interessieren, desto größer ist der Markt. Und wenn jetzt noch wenig Konkurrenz in diesem Markt besteht, hast du schon so gut wie gewonnen.

Nun möchte ich dir verraten, wie du das alles herausfinden kannst. Du hast dir ja schon einige Themen ausgesucht, wo du dich auskennst und dazu ein Infoprodukt erstellen möchtest.

Nehmen wir einmal an, du bist Katzenliebhaber und kennst dich mit der Katzenhaltung aus und hast das als eines deiner potenziellen Interessensfelder notiert.

Ruf das Google Keyword Tool auf, gib das Wort „Katze" in das Suchfeld ein und markiere die Felder „Weitgehend" und „[Exakt]" links in der Leiste. Klicke nun auf „Suchen".

Das Keyword-Tool zeigt dir nun an, wie viele Suchanfragen es zu welchem Keyword gibt. Dabei werden auch viele weitere Vorschläge zum Thema „Katze" gemacht, sodass du weitere Begriffe erhältst, die mit Katzen zu tun haben. Die in eckigen Klammern stehenden Suchbegriffe sind exakte Suchbegriffe und werden von Google-Nutzern auch genauso in die Suchmaschine eingegeben, weshalb es besonders wichtig ist, sich diese näher anzusehen, wenn es darum geht, später eine Webseite aufzubauen.

Versuche nun so viele Suchbegriffe wie möglich herauszuschreiben, die sehr hohe Suchanfragen aufweisen, aber bei welchen die Konkurrenz niedrig ist. Achte auch darauf, dass der CPC-Wert für diese Suchbegriffe, also der Preis, den du bezahlst, wenn jemand später auf deine Google-Anzeige zu diesem Keyword klickt, die 30 Cent nicht überschreitet. Den CPC-Wert kannst du jedoch nur dann sehen, wenn du dich kostenlos bei Google registriert hast (das empfehle ich dir auch).

Wiederhole diesen Suchvorgang für alle Themengebiete, die du sich notiert hast. Versuche, so viele Begriffe wie möglich herauszusuchen, die eine hohe Nachfrage und gleichzeitig eine niedrige Konkurrenz aufweisen.

Wenn du damit fertig bist, musst du dich anschließend für das Thema entscheiden, das das meiste Potenzial aufweist. Ideal wäre also ein Thema, das stark nachgefragt ist, kaum Konkurrenz aufweist und wo die Klick-Preise am niedrigsten sind.

Achte beim Heraussuchen von passenden Keywords bitte auf die genaue Schreibweise der Begriffe, denn entscheidend sind nicht Grammatik oder Rechtschreibung, sondern vor allem die Art und Weise, wie Googlenutzer Begriffe in die Suchmaschine eingeben.

So kann es sein, dass die Wörter „Katzenfutter" oder „Katzenzucht" von deinen möglichen Kunden nicht in dieser Schreibweise gesucht werden, sondern als „katzen futter" oder „katzen zucht" etc. Das gilt vor allem für zusammengesetzte Begriffe. Es wäre hier auch denkbar, dass beispielsweise „futter für katzen" oder „katzen züchten" die häufiger gesuchten Begriffe sind und für dich deshalb die entscheidenden Keywords für den Webseitenaufbau darstellen.

3. Umsetzung deiner Geschäftsidee - Schreibe dein erstes E-Book

E-Books sind digitale Bücher. Der Hauptvorteil von E-Books besteht für den Kunden darin, dass er diese ganz bequem und schnell aus dem Internet herunterladen kann und sie umgehend nach der Bezahlung nutzen kann - anders als zum Beispiel bei echten Büchern, bei denen er noch zunächst auf den Versand warten muss usw.

Für den Verkäufer von E-Books – also dich – gibt es weitere ganz entscheidende Vorteile. Zum einen sind E-Books aufgrund Ihrer digitalen Beschaffenheit natürlich (nach einmaliger Erstellung) unendlich oft kopierbar und daher ohne weitere Kosten zu verkaufen. Zum anderen können Sie als Anbieter von E-Books den gesamten Ablauf von der Bestellung, über den Zahlungsprozess, bis hin zur Auslieferung der Ware komplett automatisieren.

Das bedeutet, dass wenn Du dir ein E-Book-Projekt einmal fertig aufgebaut und eingerichtet hast, du fortan vollkommen automatisch Geld damit verdienen kannst.

Du musst dir immer vor Augen halten, dass nicht so sehr der Inhalt und/oder die Qualität eines Produktes entscheidend dafür ist, wie gut es sich verkaufen lässt, sondern vielmehr das Marketing, mit dem es promotet wird. Natürlich sollte der Inhalt so sein, dass er das Problem der Kunden löst, jedoch solltest du kein Perfektionist sein.

Schritt 1: Der Titel des E-Books

Zu Beginn solltest du dir überlegen, welchen Titel du deinem E-Book gibst. Es sollte ein Titel sein, von dem du überzeugt bist, dass dieser auch tatsächlich das Interesse der späteren Kunden wecken wird. Hier ist es erst einmal vollkommen nebensächlich, ob das jetzt schon der Titel ist, den das fertige E-Book dann später auch tragen wird. Es geht nur darum, dass der Titel inhaltlich passt und aussagekräftig genug ist, damit Du im Folgenden damit weiterarbeiten kannst.

Schritt 2: Verkaufssätze für die Landingpage

Eine Sales Page fokussiert nur ein einziges Produkt und beschreibt die Vorzüge, die der potentielle Kunde hat, wenn er dieses kauft. Ganz entscheidend bei einer Sales Page ist es also die Frage zu beantworten, die sich jeder Besucher der Sales Page stellen wird: „Was springt für mich dabei heraus, wenn ich das Produkt kaufe?"

Doch was bedeutet das nun für die Erstellung unseres E-Books? Ganz einfach: Nimm dir nun am besten ein Blatt Papier und schreibe nun etwa 10 bis 20 Verkaufssätze auf, die genau diese Frage beantworten.

Schreibe dabei nicht einfach Sätze herunter, die irgendwie zu deinem Thema passen, sondern versuche, diese Sätze so zu formulieren, dass diese deine Interessenten auch wirklich neugierig machen.

Schritt 3: Die ersten Kapitel deines E-Books ist bereits fertig

Wenn du Schritt 2 wie oben geschildert komplett durchgearbeitet hast und nun etwa 10 bis 20 Verkaufssätze gebildet hast, dann hast du jetzt im Idealfall – ohne es gemerkt zu haben – 20 Hauptkapitel deines künftigen E-Books fertiggestellt. Alle diese Sätze bilden eigene Überpunkte, zu denen du dir jetzt jeweils noch einige Unterpunkte ausdenken solltest.

Auch diese bringst du wieder zu Papier um sie festzuhalten. Gehe dabei am besten wie folgt vor: Nimm dir jeden einzelnen Verkaufssatz vor und überlege dir dazu passende Begriffe und Sätze (Aussagen), die zum Hauptthema passen. Schreibe diese Unterpunkte dann unter die jeweilige Oberkategorie.

Schritt 4: Formuliere Fragen aus Sicht des Lesers

Im vorletzten Schritt solltest du nun die zuvor gefundenen Unterpunkte in Fragen umformulieren. Der Grund warum Fragen das Interesse des Lesers besonders gut wecken, ist der, dass sich der interessierte Leser genau diese Fragen selbst ja auch stellt, wenn er ein bestimmtes Problem hat.

Die Antworten auf diese Fragen geben dann im Endeffekt die Ausführungen und Inhalte in deinem E-Book, welches der Interessent ja kaufen soll.

Wenn du so mit allen Unterpunkten verfährst und davor auch alle anderen Schritte wie beschrieben durchgeführt hast, dann hast du bereits – ohne es gemerkt zu haben – ein komplett fertiges Inhaltsverzeichnis mit Überschriften.

Schritt 5: Das E-Book wird mit Inhalten gefüllt

Der letzte Schritt besteht eigentlich nur noch daraus, dass du dir nacheinander jedes Kapitel vornimmst und zu jeder Frage (Unterpunkte) eine ausführliche Antwort schreibst. Diese Arbeit soll die Lösung des vorhandenen Problems sein, nach der dein Leser und Interessent, also der Kunde, gesucht hatte.

Wenn du dein Buch geschrieben hast, so musst du den Text nur noch ins PDF-Format übertragen und ein ansprechendes Cover erstellen.

Die Erstellung eines E-Books ist gar nicht so schwer wie es manch einer glaubt. Gehe einfach nach den eben geschilderten Schritten vor und du wirst schon bald dein erstes E-Book fertigstellen!

4. Erweitere deine Geschäftsidee – Erstelle deinen ersten Video-Kurs

Die absoluten Top-Seller im Bereich digitaler Infoprodukte sind Video-Kurse. Die häufigste Form von Videokursen sind die sogenannten „Screencaptures“ oder auch Bildschirmaufnahmen genannt. Hierbei wird dem Kunden Schritt für Schritt in Videoaufnahmen vom Bildschirm des PCs erklärt, was er zu tun hat.

Solche Videokurse eignen sich besonders gut, wenn es darum geht, bestimmte Sachverhalte, Softwareinstallationen und -einrichtungen sowie Grafikerstellungen dem Käufer nahezubringen und visuell zu zeigen.

Videokurse machen kurzum immer dann Sinn, wenn irgendetwas am PC visuell in bewegten Bildern erklärt werden soll. Der Kunde und Zuschauer hat hier das Gefühl, neben dir zu sitzen, während du ihm genau zeigst, was er wie und wo tun muss.

Die meisten Menschen wissen so etwas auch deshalb sehr zu schätzen, weil sie auf diese Art und Weise auch viel besser und schneller lernen und bestimmte Sachverhalte aufnehmen können. Es ist somit sehr viel besser als reine Theorie, in die sich die Kunden unter Umständen mehrfach intensiv einlesen müssen.

Camtasia Studio als Standard-Software für Bildschirmaufnahmen

Solche Videoaufnahmen sind heutzutage gar kein Problem mehr und die dafür benötigte Software ist schnell heruntergeladen. Gründer.de nutzt beispielsweise die Software „Camtasia Studio". Damit lassen sich solche Bildschirmaufnahmen ganz professionell herstellen.

Mit „Camtasia Studio" kannst du ganz bequem und praktisch per Knopfdruck Bildschirmaufnahmen mit Ton aufzeichnen und kannst die so produzierten Videos in unterschiedliche Video-Formate umwandeln und speichern, sodass du immer das entsprechend optimale Video hast, für den Zweck, der gerade benötigt wird und Sinn macht.

So kannst du zum Beispiel besonders hochwertige und hochauflösende Videos ausgeben, die du dann auf eine CD oder sogar DVD brennen kannst, die man dann am DVD-Player und dem Fernseher anschauen kann.

Reicht es hingegen aus, dass einfache Video-Anleitungen ins Internet gestellt werden, wird nur eine geringere Auflösung benötigt, die dann auch wahlweise zum Download angeboten werden kann.

Auch hast du die Möglichkeit, diese Videos auf Video-Portalen wie zum Beispiel YouTube, MyVideo, ClipFish usw. hochzuladen, um sie der Allgemeinheit zur Verfügung zu stellen – zum Beispiel Werbevideos usw.

Wenn du es möchtest und es gerade in einem bestimmten Fall Sinn macht, kannst du sogar zusätzlich zur eigentlichen Bildschirmaufnahme und dem Ton noch die Webcam, die du an deinem PC angeschlossen hast, integrieren. In diesem Fall wird ein Bildschirmvideo mit Ton aufgezeichnet und zusätzlich ein kleines Fenster mit aufgenommen, welches dich durch die Webcam zeigt.

Somit hören die Zuschauer des Videos nicht nur, was du tust, sondern schauen dir dabei sogar noch in die Augen. Damit bekommen die User noch mehr das Gefühl, wirklich bei dir zu sitzen, wie in einem privaten Coaching-Kurs.

Kleiner Tipp am Rande: Wenn du nicht so viel Geld für das kostenpflichtige Camtasia Studio ausgeben möchtest, kannst du auch das kostenlose Programm „Jing" benutzen. Dieses hat zwar nicht alle Funktionen von Camtasia Studio und die Videos sind auf 5 Minuten begrenzt, aber für den Einstieg reicht das.

Produktcover erstellen

Diverse Studien haben gezeigt, dass es für viele Menschen wichtiger ist, wie das Produktbild aussieht als der Inhalt der eigentlichen Produktbeschreibung. Nicht selten kann man durch professionelle und perfekt dargestellte Produktbilder die Verkaufsrate um bis zu 60 bis 140 Prozent steigern – und das gilt sowohl für Video-Kurse als auch für E-Books.

Gute Produktbilder sind das Verkaufsargument Nummer 1 – vor allem im Internet-Business! Schlechte oder unprofessionelle Produktbilder können sich dagegen auch negativ auf die Verkaufsrate auswirken und diese im schlimmsten Fall sogar sehr viel geringer werden lassen.

Extrem wichtig dabei ist jedoch, dass deine Covers hier absolut hochwertig und hochauflösend sind. Immer wieder sieht man auf unprofessionellen Websites schlechte und viel zu kleine Produktbilder (auch bei digitalen Produkten), was den Gesamteindruck des Produktes sofort massiv schmälert.

DEIN EIGENES INFOPRODUKT IN HÄNDEN HALTEN

Wenn Du bereit bist Arbeit und etwas Zeit in Dein Business zu investieren und Dich von Rückschlägen nicht gleich aus der Bahn werfen lässt, stehen deine Chancen gut ein erfolgreiches Infoprodukt zu deinem Thema zu erstellen und Geld damit zu verdienen.
Mit der richtigen Geschäftsidee, Motivation und Ausdauer kannst du in absehbarer Zeit dein eigenes Produkt in Händen halten!

Kapitel 2

Digitale Infoprodukte

Im ersten Kapitel hast du nun einige Tipps bekommen, welche digitale Infoprodukte es am Markt gibt und wie du mit minimalem Aufwand deine eigenen erstellen kannst. Mit der Wahl eines geeigneten Themas legst du die Basis und entscheidest anhand von ausgewählten Tool ob für deine Geschäftsidee genügend Potential vorhanden ist. Mit etwas Zeit und Geduld generierst du ohne Folgekosten ein dauerhaftes, passives Einkommen.

Es gibt viele Möglichkeiten zum Geld verdienen im Internet,

wobei nicht immer die Idee ausschlaggebend für den Erfolg eines Businesses ist, sondern oftmals die Spezialisierung auf eine Marktlücke. Mit sogenannten Nischenprodukten sprichst du zwar eine kleinere Zielgruppe an, positionierst dich allerdings als Experte auf dem Gebiet und hast dadurch auch weniger Wettbewerb. Doch was steckt genau dahinter?

MARKTLÜCKE FINDEN - IM NISCHENMARKT ERFOLGREICH SEIN

1. Lernen von eher unbekannten Weltmarktführern

Wenn angehende Gründer sich Unternehmen zum Vorbild nehmen, so kommen ihnen meistens Konzerne wie Google, Coca Cola oder Apple in den Sinn. Dies ist aber noch lange nicht die komplette Liste aller erfolgreichen Firmen. Die eben genannten Giganten sind zwar Top-Unternehmen, sie stellen aber nur die Spitze des Eisberges dar. Dieser Beitrag soll dir aufzeigen, dass es ebenso zahlreiche erfolgreiche Unternehmen gibt, die sich auf eine Nische spezialisiert haben und sich Weltmarktführer nennen dürfen. Du wirst lernen, dass es sich wirklich lohnt, mit einem Nischenprodukt einen sogenannten „Blue Ocean" (blauen Ozean) zu besetzen. In diesem „blauen Ozean" bist du nämlich einer der wenigen Anbieter für dein zukünftiges Produkt – fast ohne Konkurrenz.

In den alltäglichen Medien hören wir meist nur von großen Unternehmen, die schon jahrelang erfolgreich sind. Oder wir treten ständig mit solchen Unternehmen in Kontakt, deren Produkte wir selbst kaufen (z.B. Handys, Computer oder Kleidung) und sind mit diesen Produktmarken bestens vertraut. Es gibt aber auch viele erfolgreiche Unternehmen, die den meisten Verbrauchern unbekannt bleiben, sogenannte „Hidden Champions". Diese bedienen meist einen Nischenmarkt und sind damit extrem erfolgreich. Wer sind nun diese „verborgenen“ Weltmarktführer, die einen Großteil des Marktanteils in ihrer Nische ausmachen? Warum sind sie so erfolgreich und was kannst du daraus für dein eigenes Online-Business lernen?

Mit Nischenprodukten und Nischenseiten Geld verdienen

Keine große Überraschung ist es, dass ca. zwei Drittel aller unbekannten Weltmarktführer aus Deutschland oder dem deutschsprachigen Raum kommen, denn Deutschland ist nach wie vor einer der Top-Exporteure weltweit. Laut WTO liegt Deutschland auf Platz 3 der Top-Exporteure nach China und den USA.

Deutschland hat einen sehr ausgeprägten Mittelstand mit hohem Innovationsgrad. Fast 20% dieser Unternehmen erreichen einen Umsatz von über 500 Millionen Euro.

Beispiele von Nischenprodukten „Hidden Champions“:

1. Tetra GmbH

Die Tetra GmbH mit Sitz im Landkreis Osnabrück ist der Weltmarktführer für Aquariumszubehör und Fischfutter. Seit 2005 gehört die Tetra GmbH zum US- amerikanischen Konzern Spectrum Brands. Die Produkte des Konzerns werden in rund 140 Ländern und in mehr als 1 Million Geschäften verkauft. 2013 erwirtschaftete die Spectrum Brands Holding einen Nettoumsatz von rund 4.1 Milliarden US-Dollar.

2. M+C Schiffer

Dir sagt das Unternehmen M+C Schiffer nichts? Dabei hattest du mit großer Wahrscheinlichkeit bereits ein Produkt von ihnen in der Hand. Denn das Unternehmen mit Hauptsitz in Neustadt ist, mit einer Tagesproduktion von einer Million Stück, der größte unabhängige Zahnbürstenhersteller der Welt. Das Unternehmen beschäftigt rund um den Globus mittlerweile 1000 Mitarbeiter.

3. ADO

Ein weiterer unbekannter Weltmarktführer ist ADO. Die Firma aus Aschendorf im Emsland stellt seit etwa 50 Jahren Gardinen – und zwar die mit der Goldkante – her und ihre Produkte sind mittlerweile weltweit sehr gefragt.

4. PWM

PWM ist Hightech-Spezialist und Weltmarktführer für elektronische Preisanzeigen an Tankstellen. PMW ist ein traditionsreiches Familienunternehmen mit 35 Jahren Markterfahrung.

2. Warum Nischenseiten sehr erfolgreich sind

Klassischerweise handelt es sich bei den versteckten Weltmarktführern um Ein-Produkt-Anbieter oder Anbieter mit wenigen Produkten, die sich genau einen Markt ausgesucht haben. Das Geheimnis liegt also in der Spezialisierung auf sehr wenige Produkte bzw. auf ein Nischenprodukt, wobei sich diese Unternehmen als Experten ihres Marktes positionieren konnten. Ca. 30% dieser Weltmarktführer tummeln sich auf Märkten, die ein Marktvolumen von weniger als 400 Millionen Euro aufweisen. D.h. auf diesem Markt werden weltweit bis zu 400 Millionen Euro erwirtschaftet, im Gegensatz zum Handy-Markt, wo mehrstellige Milliardensummen jährlich umgesetzt werden. Vergleicht man nun den Fischfuttermarkt und den Handymarkt, so lässt sich sagen, dass der Fischfuttermarkt ein Nischenmarkt ist. Aber selbst auf dem Fischfuttermarkt könnten noch weitere Nischen ausfindig gemacht werden, so z.B. der Markt „Fischfutter für Goldfische".

Konzentriere dich auf eine Nische

Übertragen auf dein Online-Business heißt das konkret, dass du dir auch einen Nischenmarkt, ein Nischenprodukt suchen solltest. Halte Ausschau nach Märkten, für die sich die breite Masse nicht interessiert („Blaue Ozeane“) und entwickle ein Produkt, das auf diesem Markt auf eine hohe Nachfrage mit wenig Konkurrenz trifft. Anstatt also ein Buch zum Thema „Haltung von Nagern“ zu schreiben, solltest du dich weiter spezialisieren und ein Buch über die Haltung von Wüstenspringmäusen herausbringen. Denn damit positionierst du dich als Experte für dein Produkt und kannst viele Kunden gewinnen, indem du dich von Massenanbietern abhebst.

Klingt einfach, aber diese Nische musst du wirklich gut auswählen, denn nicht alles führt dann auch zum Erfolg.. Umso kleiner die Nische ist die du auswählst, desto einfacher kannst du an die Umsetzung herangehen. Du hast den Vorteil bei einer kleinen Nische, dass du sie leicht definieren kannst und deshalb auch ganz gezielt deiner Zielgruppe zuordnen kannst. Außerdem hast du bei einer Nische immer einen ganz wichtigen und möglicherweise entscheidenden Vorteil. In einer Nische gibt es für dich wenig bis gar keine Konkurrenten.

Die Vorteile einer Nische auf einen Blick

- Wenig bis gar keine Konkurrenz

- optimale Optimierungsmöglichkeit für Ausrichtung auf Zielgruppe

- schnellere Positionierung als Fachmann möglich

- kleiner Kundenkreis ermöglicht persönliche Ansprache und du kannst dir beste Voraussetzungen für ein Corporate Design schaffen

3. Wie kannst du eine Marktlücke finden

Als erster Schritt muss von dir festgelegt werden, welche Richtung du gehen möchtest. Bei Nischen ist es nämlich so, dass zwischen positiven und negativen Nischen unterschieden wird. In positiven Nischen sind Produkte angesiedelt, die Spaß und Lust fördern. Gute Beispiele sind etwa Schmuck oder auch Kleidung. Bei den negativen Nischen handelt es sich um einen Markt, der sich ausschließlich auf die Lösung von Problemen fokussiert. Dies können Produkte für die Behebung von technischen Problemen sein, aber auch für Lösungen im gesundheitlichen Bereich.

Wenn du für dich entschieden hast, in welche Richtung dein Online Business gehen soll, musst du festlegen, für welche Zielgruppe dein Produkt geeignet ist. Willst du dich mehr an Firmen und Unternehmen richten oder willst du den ganz normalen Konsumenten ansprechen. Aber auch hier wird in der Art des Business unterschieden und zwar in drei Bereiche:

- B2A: In der Langform bedeutet dies Business-to-Administration. Gemeint ist hier die Geschäfts- und auch Kommunikationsbeziehung zwischen dir und deinem Unternehmen und Behörden

- B2B: Diese Form der Geschäftsbeziehung gehört mit zu den bekanntesten. Gemeint ist hier Business-to-Business und bedeutet eine Geschäftsbeziehung zwischen dir und anderen Unternehmen

- B2C: Darunter versteht man Business-to-Customer, also die geschäftlichen Beziehung zwischen dir und privaten Kunden. Und gerade hier gab es in den letzten Jahren eine rasante und steile Entwicklung nach oben. Wenn du planst, in diesem Bereich als Gründer tätig zu werden, hast du beste Chancen und viel Potenzial das sich dir bietet.

Nun musst du für dich die passende Nische finden

Wenn du die oben genannten Punkte für dich geklärt hast und deine Richtung abgesteckt hast in die es gehen soll, musst du die passende Nische für dich finden. Dazu kannst du zwischen zwei Möglichkeiten wählen. Entweder über ein bestimmtes Thema oder eine bestimmte Zielgruppe.

Die Nische finden mit bestimmtem Thema: Für dich ist es hier von entscheidender Bedeutung, ob du auch genügend Interesse für ein bestimmtes Thema mitbringst. Auch wenn dies alles einfach klingen mag, so musst du auch hier als Gründer viel Disziplin mitbringen, denn gerade am Anfang wirst du einiges leisten müssen. Nur ein Thema zu suchen, wo du dir hohen finanziellen Erfolg vorstellen kannst, wird nicht ausreichen. Du musst schon wirklich interessiert daran sein, denn nur dann kannst du dein Business erfolgreich gestalten.

Die Nische finden mit bestimmter Zielgruppe: Hier musst du für dich festlegen, für welche Art von Kunden bzw. Menschen du deine Energie und deine Kraft als Unternehmer einsetzen willst.

Überlege dir gut, welche Wünsche, Vorstellungen, Probleme oder Bedürfnisse diese Zielgruppe hat und ob du mit deinem Nischenprodukt das auch abdecken und erfüllen kannst.

Egal für welche Variante du dich entscheidest, so ist bei beiden eine gründliche und ehrliche Analyse des Marktes notwendig. Du musst mit dieser Marktanalyse feststellen, bei welchen Produkten nicht nur jetzt, sondern auch in Zukunft Bedarf bestehen wird. Außerdem musst du feststellen, ob du damit auch Gewinne erzielen kannst. Die späteren potenziellen Kunden müssen also dazu bereit sein, dein Produkt zu kaufen und es muss einen Mehrwert für sie darstellen.

So kannst du eine lukrative Nische finden

Gleich eingangs muss ich dir sagen, dass es zwar nicht so schwer ist eine lukrative Nische zu finden, aber du musst Zeit mitbringen. Es bedarf schon ein paar sehr guten Vorbereitungen und Planungen, damit sich deine Nischenseite dann später auch rechnet. Am besten gehst du wie in den folgenden Punkten beschrieben vor:

- Sammle Idee aus deinem Alltag. Gerade der Alltag liefert viele Ideen für eine Nischenseite. Gehe immer mit offenen Augen durch den Supermarkt, durch den Baumarkt oder durch andere Geschäfte. Achte auf mögliche Ideen, wenn die die Zeitung liest und höre genau zu, was Freunde und Bekannte erzählen. Was suchen sie? Was brauchen sie? Womit sind sie nicht zufrieden. All das was du hörst, was dir auffällt, dass solltest du dir notieren.

- Gib nicht gleich auf, wenn du eine existierende Nischenseite findest. Viele machen den Fehler, dass sie bei der Suche nach einer Nische eine existierende Nischenseite finden. Aber jetzt nicht denken, „so ein Mist, diese Idee hatte schon ein anderer“, sondern schaue dir diese Nischenseite genau an. Du fragst jetzt warum? Ganz einfach, denn aus einer bestehenden Nischenseite ergeben sich viele Möglichkeiten für Unternischen. Ich will mal zum besseren Verständnis einfach ein kleines Beispiel nennen. Nehmen wir an, du stößt auf eine Nischenseite mit Sportunterwäsche. Nische vergeben. Aber wie sieht es mit einer Nischenunterseite „Sport-BH für Frauen beim Tennis“ aus? Nur ganz wenig an Angeboten. Verstehst du was ich damit meine? Also nicht gleich nach dem Oberbegriff aufgeben, sondern einfach noch weiter in die Tiefe gehen.

- Mach am Anfang ein ausgiebiges Brainstorming. Setz dich einfach mal in Ruhe hin. Ganz ohne Zwang und Druck. Und dann mach für dich ein Brainstorming. Welche Hobbys hast? Wo liegen deine Interessen? Für was interessierst du dich ganz besonders? Setz dich selbst als Person bei diesem Brainstorming erst einmal in den Vordergrund, denn so entstehen deutlich mehr Ideen.

- Amazon kann dir helfen. Hast du die ersten Punkte abgearbeitet, dann kann dir Amazon ein wichtiger Helfer sein. Bei Amazon gibt es ja mittlerweile fast alles. Also klicke dich hier in aller Ruhe durch die Kategorien und vor allem durch die Unterkategorien. Da wirst du mit Sicherheit auf Themen stoßen, die dich interessieren und die du schon beim Brainstorming notiert hast.

4. Hinterfrage die ausgewählten Ideen für deine Nische

Wenn du nun ein paar Ideen für mögliche Nischenseiten für dich notiert hast, dann solltest du diese Ideen gut hinterfragen.

1.) Wie hoch ist das Suchvolumen?

Ganz am Anfang sollte für dich die Höhe des Suchvolumens stehen. Hier solltest du überprüfen, wie oft pro Monat nach deinem Hauptkeyword gesucht wird. Dies ist wichtig für dich, denn so bekommst du ersten Eindruck, ob es sich später auch in finanzieller Hinsicht lohnen kann. Achte dabei aber darauf, dass sich das Suchvolumen auf einem konstanten Level befindet und nicht nur ein oder zweimal im Jahr, möglicherweise wegen saisonalen Gründen, sehr hoch ist und die anderen Monate sehr niedrige Ergebnisse liefern.

2.) Wie ist der Trend bei der Suche?

Zur Beantwortung dieser Frage kannst du mit Google Trends arbeiten. Du kannst dir damit eine Grafik anzeigen lassen, wie hoch die Suche nach deinem Hauptkeyword in einem bestimmten Zeitfenster ausgesehen hat. Also beispielsweise die letzten 5,6 oder mehr Jahre. Zeigt sich hier, dass die Suche zugenommen hat, dann ist das schon mal ein positiver Hinweis für dich. Geht der Trend aber nach unten, dass solltest du es dir mit diesem Nischenthema noch einmal überlegen oder mit einem anderen passenden Keyword suchen.

3.) Wie sieht es mit Konkurrenz im Bereich SEO aus?

Die Konkurrenzsituation für dich im Bereich SEO ist ebenfalls sehr wichtig für dich. Auch hier musst du genau analysieren, wie die Situation für dich ist. Tolle Unterstützung kann dir hier das Tool Market Samurai bieten. Dieses Tool gibt es auch als Free Trial Version und du bekommst hier farblich angezeigt, ob die es mit viel, etwas weniger oder sehr wenig Konkurrenz zu tun hast. Je weniger Konkurrenz, desto besser für dich.

4.) Braucht deine Zielgruppe Informationen über das Produkt?

Auch diese Frage musst du unbedingt klären. Dazu musst du aber eine Keyword-Recherche durchführen. Für dich und einen möglichen späteren Erfolg mit deiner Nische ist es wichtig, dass deine Zielgruppe viele Informationen haben will. Ist deine Zielgruppe nur am Kauf dieses Produktes oder der Dienstleistung interessiert, dann wird es schwer für dich, dich hier durchzusetzen. Also je mehr Informationsbedarf besteht, desto besser für dich.

5.) Kann deine Nische später erweitert werden?

Ein Punkt, der jetzt zwar nicht so sonderlich wichtig ist, aber trotzdem von dir geklärt werden sollte. Wie sieht es aus, mit einer späteren Erweiterung deiner Nischenseite? Hier verbirgt sich möglicherweise später Potenzial für eine Umsatzsteigerung. Wenn du mit einer Seite eine gutes Ranking erreicht hast, kannst du möglicherweise dein Angebot noch thematisch passend erweitern. Damit kannst du möglicherweise eine weitere Zielgruppe auf dich aufmerksam machen und zum Kauf anregen.

6.) Wie sieht es mit dem finanziellem Potenzial aus?

Das finanzielle Potenzial deiner möglichen Nischenseite muss natürlich passen, denn du willst bzw. musst ja auch Geld verdienen. Deshalb muss hier wirklich echtes Kaufinteresse bei deiner Zielgruppe bestehen. Außerdem solltest du prüfen, welche möglichen Einnahmequellen es außer dem Verkauf noch gibt. Wie sieht es mit Partnerprogrammen aus? Was wird für einen AdSense-Klick bezahlt oder welche Bezahlung für einen Klick ist möglich? Das musst du analysieren und auch hier kann dir das Tool Market Samurai sehr gut helfen. Du solltest immer beachten, dass eine gute Nische am besten mehrere Einnahmequellen möglich macht.

DEINE NISCHE GEWINNBRINGEND NUTZEN

Wie du siehst, bieten Nischen sehr viel Potenzial, dass es einfach nur zu finden gibt. Deshalb solltest du, wie bereits mehrfach erwähnt, mit viel Zeit, Geduld und Sorgfalt daran gehen, diese möglichen Nischen genau zu analysieren. Im ersten Step solltest du aber nicht rein den finanziellen Aspekt im Hinterkopf haben. Wichtig ist vor allem, dass du dich für das Nischenthema interessierst und vor allem auch Spaß daran hast. Je mehr Interesse von deiner Seite besteht, desto mehr Qualität wirst du in die Nische einbringen. Hilfreich ist es natürlich, wenn du auch gleich das nötige Fachwissen für dein Thema mitbringst, oder zumindest ausreichend Hintergrundwissen.

Kapitel 3

Onlineshop

Der Trend im Bereich Einkaufen geht eindeutig in Richtung Onlineshop. Immer mehr Menschen suchen gewünschte Produkte nicht mehr in einem Ladengeschäft, sondern nutzen direkt die Dienste von Suchmaschinen im Internet. In den meisten Fällen werden als Ergebnis Onlineshops angezeigt, in denen der Suchende die gewünschte Ware erhält.

Deshalb ist es eine gute Idee, wenn du einen eigenen Onlineshop betreiben möchtest. Damit dieser Shop auch wirklich erfolgreich ist, musst du allerdings schon beim Entwurf deines eigenen Shops bestimmte Dinge beachten. Im folgenden Artikel zeigen wir dir, was du alles beachten solltest, wenn du dir einen Onlineshop selbst bauen möchtest.

OPEN SOURCE ODER BAUKASTEN-SYSTEM?

Onlineshop Lösungen gibt es von zahlreichen Anbietern. Es lohnt sich daher sich bei der Auswahl zu informieren und zu vergleichen, um die richtige Software für die jeweiligen Bedürfnisse zu finden, da die Kosten zwischen den einzelnen Systemen doch sehr unterschiedlich sind.

1. Die Auswahl der besten Shop-Software

Wenn du dich entschlossen hast, im Internet mit einem Onlineshop tätig zu werden, stehst du zunächst vor der wichtigen Entscheidung, mit welcher Shopsoftware du deinen eigenen Onlineshop bauen sollst. Das Internet ist voll mit Anbietern und es ist gar nicht so einfach, die Software zu finden, die von deinen Anforderungen her am besten zu dir passt. Du kannst aus verschiedenen Varianten auswählen.

Der gemietete Onlineshop

Du mietest einen Onlineshop (z. B. Jimdo, Domainfactory, Strato, Weebly) und überlässt einen Großteil der Arbeit dem gewählten Anbieter. Bei den bekanntesten wird dir ein vollständiges, funktionsfähiges Shopsystem bereitgestellt. Du kannst zwischen unterschiedlichsten Designvorlagen wählen und das System liefert dir die Schnittstellen zu den größten Verkaufsplattformen wie Amazon oder eBay gleich mit. Du musst dich bei einem gemieteten Onlineshop nicht um das Hosting kümmern und benötigst zum Einrichten deines eigenen Shops auch nicht die Hilfe einer Agentur. Dies spart Kosten. Allerdings zahlst du für den bereitgestellten Service in der Regel eine monatliche Gebühr, die sich in der Regel zwischen 10 und 200 Euro bewegt.

1. Vor- und Nachteile von Baukastensystemen für Onlineshops

Solche Baukästen erleichtern dir als Einsteiger natürlich die Arbeit sehr. Gerade, wenn du dich mit den technischen Anforderungen nicht gut auskennst. Die Vorteile von solchen Baukastensystemen liegen auf der Hand:

- keine Programmierkenntnisse
- schneller Beginn des Business möglich
- Investitionskosten halten sich in Grenzen (niedriges finanzielles Risiko)
- Hosting wird übernommen (Webspace wird bereitgestellt, Onlineshop wird auf dem Server eines Internet-Providers platziert)

Wo Licht ist, ist auch Schatten. Die Nachteile, die du bei der Nutzung eines Baukastensystems in Kauf nehmen musst, sollten zumindest mit bedacht werden:

- weniger Auswahlmöglichkeiten beim Design
- ein Shop „von der Stange"
- begrenzte Fähigkeit zum Hinzufügen von Ressourcen (Hardware)
- geringe Flexibilität durch technische Grenzen
- SEO-Fähigkeit ist oft begrenzt
- vom Softwareanbieter abhängig (z. B. durch Mindestvertrags-

laufzeiten)

2. Für wen eignen sich gemietete Onlineshops?

Aufgrund der eingeschränkten Möglichkeiten von Onlineshops im Baukastensystem sind sie vor allem für Existenzgründer im Bereich eCommerce sowie kleinere und vielleicht noch mittelständische Unternehmen geeignet. Reicht dir ein Standardshop mit den klassischen Funktionen aus, bieten dir die SaaS-Anbieter (Software As A Service) alles, was du brauchst. Benötigst du allerdings Zusatzfunktionen, müssen viele der Anbieter bereits passen. Nutze unbedingt die meist kostenfreien Demoshops der Anbieter und die kostenlosen Testphasen. So bekommst du einen ersten Einblick in das, was das System zu bieten hat. Zudem ist es sinnvoll, die langfristige Planung mit einzubeziehen, also beispielsweise zu überlegen, welche Anforderungen eventuell noch dazu kommen oder wie schnell der Shop wachsen soll.

Open-Source-Lösung

Du kannst auch eine sogenannte Open-Source-Lösung (z. B. Oxid Esales, SUPR, XTC, Magento, Orocommerce) verwenden und mit dieser deinen eigenen Onlineshop bauen. Open-Source-Systeme sind professionelle Shopsysteme, für deren Einrichtung du selbst gute Kenntnisse im Bereich Programmierung benötigst oder aber Geld in die Hand nehmen musst. Sobald du eine Agentur, einen Webdesigner oder Programmierer mit der Erstellung beauftragst, solltest du mit Kosten ab etwa 5000 Euro rechnen. Die Summe ist vor allem abhängig davon, welche Anforderungen du an deinen Onlineshop stellst. Je komplexer das Shopsystem, desto teurer wird normalerweise die Erstellung.

1. Vor- und Nachteile von Open-Source-Lösungen

Gegenüber den gemieteten Baukastensystemen bieten diese Art von Onlineshop-Systemen deutlich mehr Spielräume für die eigenen Wünsche.

Open-Source-Lösungen für Onlineshops leben hauptsächlich von ihrer großen Flexibilität, denn sie sind fast unbegrenzt erweiterbar. Auch hier sollten die wichtigsten Vor- und Nachteile aufgelistet werden, damit du auf Basis dieser Informationen das für dich passende System findest, mit dem du deinen eigenen Onlineshop bauen kannst. Als Vorteile gelten bei Experten folgende:

- unbegrenzte, technische Möglichkeiten für die Shoperstellung
- individuelle Lösungen für den Shop
- hohe Flexibilität und Skalierbarkeit
- Ausbau der eigenen Marke durch individuelle Shop-Lösungen
- professionell geführter Shop aufgrund von System-Flexibilität

Diesen Vorteilen stehen auch einige Nachteile gegenüber, die nicht unerwähnt bleiben dürfen. Vor allem, weil Open-Source-Lösungen technisch ausgereift sind, bringen sie Nachteile mit sich:

- notwendige Programmierkenntnisse oder externer Hilfe
- verzögerter Start des Onlineshops aufgrund der Anforderungen (bis zu 6 Monaten)
- hohe Investitionskosten aufgrund externer Dienstleister

2. Wer sollte Open-Source-Lösungen nutzen?

Da für die Nutzung solcher professionellen Shopsysteme relativ hohe Investitionen notwendig sind, sollten diese vor allem von Existenzgründern genutzt werden, die bereit sind, Zeit und Geld in ihren Onlineshop zu investieren und die an langfristigen Erfolg interessiert sind. Für alle, die mit steigenden Anforderungen wie zusätzlichen Schnittstellen zu Onlinehandelsplätzen oder einer stetig wachsenden Produktpalette rechnen, Filterfunktionen einbauen oder Systeme für Warenwirtschaft oder Buchhaltung einbinden möchten, sind mit einer Open-Source-Lösung auf dem richtigen Weg.

Onlineshop als Eigenentwicklung

Die dritte und komplexeste Variante, mit der du einen Onlineshop selbst bauen kannst, ist die einer Eigenentwicklung. Große Onlinehandelsplätze haben sich ihren Onlineshop von routinierten Programmieren maßschneidern lassen. Wenn du einen solchen, zu 100 Prozent individuell auf deine Bedürfnisse zugeschnittenen Shop möchtest, dann solltest du entweder selbst umfassende Programmierkenntnisse besitzen (eventuell aufgrund einer entsprechenden Ausbildung) oder aber über entsprechende finanzielle Mittel verfügen, um die benötigten Experten zu engagieren. Nicht selten sind sechsstellige Beträge nötig, um die Eigenentwicklung eines Onlineshops zu finanzieren.

1. Vor- und Nachteile von Eigenentwicklungen

Gerade bei einem Onlineshop, der als Eigenentwicklung erstellt werden soll, müssen alle Vorteile und auch Risiken mit bedacht werden. Und es gibt tatsächlich einiges zu berücksichtigen. Hier die wichtigsten Vorteile von Eigenentwicklungen:

- keine Abhängigkeit von einem Shopsystemanbieter
- volle Gestaltungsfreiheit
- hohe Anpassungsfähigkeit an neue Anforderungen
- Vorteile gegenüber Wettbewerbern durch individuell veränderbare und erweiterbare Funktionen

Als die größten Nachteile bei einem als Eigenentwicklung erstellten Onlineshop gelten unter Fachleuten vor allem die folgenden:

- sehr hohe Investitionskosten
- Zeitverlust durch lange Entwicklungszeit (bis zu 1,5 Jahren)
- Qualitätsprobleme aufgrund von Programmierfehlern in der Software („Kinderkrankheiten")
- Abhängigkeit von den Entwicklern der Shopsoftware (z. B. bei Wartung, notwendigen Updates)
- nicht vorhandenes Fachwissen zu Beginn des Projektes
- rascher Wandel im Bereich der IT-Technologien
- Vernachlässigung wichtiger Unternehmensschwerpunkte (z. B. Marketing, Personal, Produkte)

2. Für wen ist die Eigenentwicklung eines Onlineshops geeignet?

Diese Form der Onlineshoperstellung ist tatsächlich vor allem für die geeignet, die auf ihr eigenes Fachwissen im Bereich Programmierung zurückgreifen können oder über immense finanzielle Mittel verfügen. Dadurch können diese Onlineshop-Betreiber sich von Fachleuten wie Webdesignern oder Programmierern einen vollkommen individuellen Onlineshop erstellen zu lassen. Wer als Existenzgründer allerdings nur einen kleinen Onlineshop mit einer sehr begrenzten Anzahl an Produkten anstrebt, für den ist eine Eigenentwicklung vermutlich ein zu großes Projekt.

Bei der Auswahl der Shopsoftware kommt es vor allem auf deine eigenen Fähigkeiten, die zur Verfügung stehende Zeit, das Budget und auch die geplante Gesamtgröße deines Projektes an. Nicht jede Onlineshop-Software ist aufgrund ihrer Spezifikationen oder auch Kosten für jede Shopgröße geeignet.

2. Welche Funktionen solltest du in deinen Onlineshop einbauen

Kunden wünschen sich einen Onlineshop, in dem sie alle Produkte schnell und unkompliziert finden, die wichtigsten Informationen dazu erhalten und einen Kauf möglichst rasch und reibungslos durchführen können. Entsprechend sollte deine Website mit bestimmten Funktionen ausgestattet sein, die diese Vorgänge erleichtern. Dies wird vor allem durch die folgenden Funktionen unterstützt:

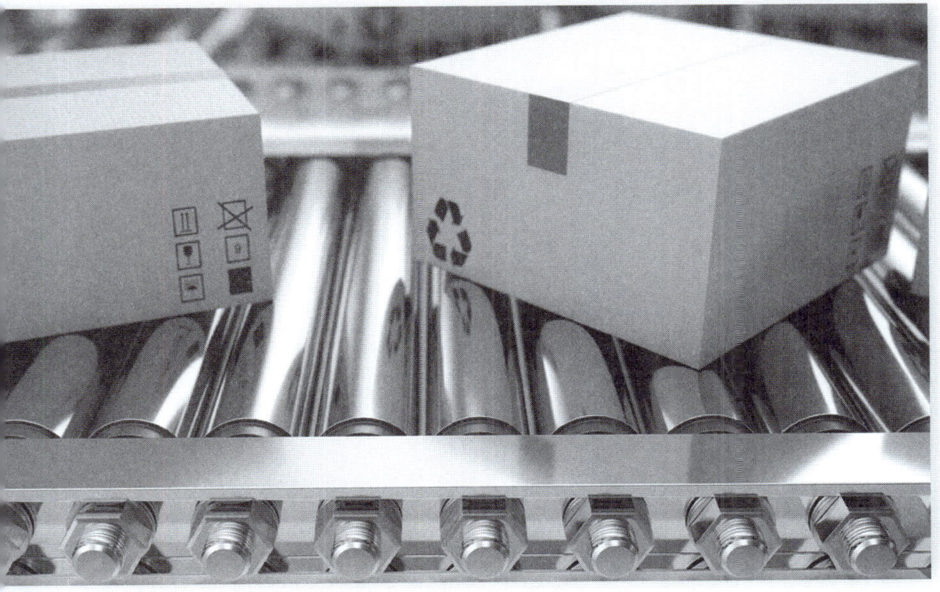

- Produktsuchfunktion (inklusive detailliertem Filter)
- Produktoptionen (Größe, Farbe)
- Kategoriefunktion (die Produkte sind in Kategorien unterteilt, wodurch sie sich schneller finden lassen)
- Produktdetailseiten (mit informativer, korrekter Produktbe-

schreibung, Netto- und Bruttopreis – inklusive oder zuzüglich Mehrwertsteuer)

- Bilderfunktion (Einbindung von Produktfotos auf der Detailseite)
- Warenkorbfunktion mit rechtssicherer Beschriftung (kostenpflichtig kaufen, zahlungspflichtig bestellen)
- Sales-, Angebots- oder Aktionsfunktion (Banner weisen auf besondere Aktionen hin)
- Checkboxfunktion (zur Bestätigung des Widerrufsrechts sowie der AGB durch den Kunden)
- Bezahlarten (PayPal, Kreditkarte, Sofortüberweisung, Rechnungskauf, Lastschrift)
- Kundensupport (E-Mail, Telefon oder Post)

Komplexe Funktionen, die den Einkauf unterstützen, könnten folgenden sein. Sie werden allerdings nicht von allen Anbietern für Shopsoftware angeboten:

- Warenkorbvorlage (erleichtert die regelmäßige Bestellung von bestimmten Produkten)
- Wiederbestellfunktion
- Quickbestellung (durch Eingabe der Artikelnummer)
- Schnittstellenfunktionen (z. B. zwischen Shop- und Warenwirtschaftssoftware) beziehungsweise zu Onlinehandelsplätzen wie Amazon)
- Optimierung für mobile Endgeräte (damit der Onlineshop auf jedem Endgerät korrekt und einladend angezeigt wird)

- Bezahldienste in Form von mobilen Apps (z. B. Apple Pay oder PayPal)

- Instant Payment (Service von Banken für sekundenschnelle Überweisung)

Du siehst, es gibt viele verschiedene Funktionen, mit denen du deinen Kunden den Weg von der Startseite deines Shops bis zur Bestellbestätigung erleichtern kannst. Im Idealfall sind die einzelnen Funktionen so angeordnet, dass sich der Kunde wie an einem roten Faden an ihnen durch deinen Onlineshop bewegt.

1. Die richtige Struktur für deinen Onlineshop

Wodurch du Kunden deines Onlineshops am meisten abschreckst, ist eine schlecht durchdachte Struktur. Wenn jemand im Internet shoppen geht, dann möchte er nicht lange suchen, sondern erwartet, dass er durch die Navigationsstruktur in deinem Onlineshop schnellstmöglich zu dem Produkt geleitet wird, das er kaufen möchte. Aus diesem Grund ist die Struktur ein wichtiges Kriterium, das du beachten musst, wenn du deinen Onlineshop selbst bauen möchtest. Von Beginn an solltest du dir überlegen, wie dein Onlineshop aufgebaut sein muss, damit ein potenzieller Käufer das gesuchte Produkt schnell findet. Eine schlechte Struktur ist meist die Folge einer stetig wachsenden Seite, das heißt, der Onlineshop wird ständig erweitert, Produkte, Kategorien und Unterebenen werden ohne einen Blick auf bisherige Struktur hinzugefügt. Dadurch ergeben sich unter anderem Doppelungen bei Kategorien oder zu viele Unterseiten, durch die sich der Besucher dann erst mühsam hindurchklicken muss.

2. Woran du eine schlechte Struktur erkennst

Je länger der Kunde braucht, um ein von ihm gesuchtes Produkt zu finden, desto eher wird er deinen Onlineshop verlassen ohne etwas zu kaufen. Damit dir dies nicht passiert, ist es wichtig, die Schwachstellen in deiner Onlineshop-Struktur zu entdecken und zu optimieren. Für eine durchdachte Navigationsstruktur störend ist also vor allem Folgendes:

- zu viele Unterseiten
- doppelte Kategorien
- fehlendes Megamenü
- zu viele Menüoptionen

Eine gute Methode, die richtige Struktur für deinen Onlineshop zu finden, ist der Besuch von anderen Onlineshops mit einem ähnlichen Produktportfolio. Stell dir einfach vor, du bist ein Kunde und suchst ein bestimmtes Produkt. Nun kannst du in den besuchten Onlineshops schauen, wie lange du benötigst, um fündig zu werden. Der Shop, in dem du am wenigsten Zeit brauchst, hat vermutlich die beste Struktur. Die gewonnenen Erkenntnisse kannst du anschließend nutzen, um die Struktur deines Onlineshops zu überarbeiten.

3. SEO und Backlinks als Grundlagen des Erfolgs von Onlineshops

Weil die meisten Existenzgründer vor allem ganz zu Beginn – nach dem Aufbau des eigenen Onlineshops – keine finanziellen Mittel für Werbung ausgeben können, hat die sogenannte SEO-Optimierung eine sehr große Bedeutung. SEO (Search Engine Optimization) bedeutet Suchmaschinenoptimierung, womit gemeint ist, dass dein Onlineshop mit Keywords als Suchbegriffe ausgestattet sein muss, damit der Shop als Ganzes und die einzelnen Produkte von potenziellen Käufern gefunden werden.

Auch ein Backlink, also ein Link, der von einer anderen Seite aus auf deine eigene Website verweist, kann gemeinsam mit einer guten SEO-Optimierung zu sehr viel mehr Traffic in deinem Onlineshop führen. Die meisten Besucher generierst du durch das Ranking deines Shops in Suchmaschinen wie Google, Bing oder

Ask.com. Damit du in diesen Suchmaschinen möglichst weit oben landest, brauchst du eben viel gesuchte Keywords und Backlinks.

Was bringt einem Onlineshop die SEO-Optimierung?

Wer im Internet etwas sucht, der nutzt in der Regel eine der vorhandenen Suchmaschinen. Dort gibt er ganz spezifische Suchbegriffe (Keywords) ein, um das zu finden, was er kaufen möchte. Wird ihm das Suchergebnis angezeigt, schaut er nicht nur nach dem Ranking, sondern auch danach, ob folgende Dinge übereinstimmen:

- Suchbegriff
- Darstellung des Suchergebnisses
- Relevanz bezüglich der Suche

Findet der User, dass diese drei Aspekte beim angezeigten Suchergebnis zusammenpassen, dann hat SEO seine Arbeit getan und einen Reiz zum Anklicken gesetzt. Mit der 6-R-Regel überprüfst du deinen Onlineshop bezüglich der SEO-Optimierung: Relevance (Wichtigkeit), Reach (Reichweite), Rankings (Platzierung), Response (Antwort-Zeiten), Reaction (Reaktion) und Results (Ergebnisse). Es gibt verschiedene Tools, mit denen du deine eigene Website auf SEO hin analysieren kannst.

Wozu sind Backlinks gut?

Backlinks zeigen an, wie gut oder nützlich andere User im Internet deinen Onlineshop finden. Solche Backlinks werden nur dann geteilt oder in anderen Websites platziert, wenn die Teilenden oder Verlinkenden eine Website als gelungen und gut finden, aber auch, wenn ihnen negative Dinge auffallen. Je mehr Backlinks es also zu deinem Onlineshop gibt, desto empfehlenswerter ist er. Darauf reagieren nicht nur Internetnutzer, sondern vor allem die Suchmaschinen. Sie stufen einen Onlineshop umso höher ein, desto häufiger er empfohlen wird. Früher waren Linkkauf, Linktausch und sogenannten Linkfarmen beliebt, heute solltest du unbedingt auf die Richtlinien von Google und Co. achten, damit du nicht abgestraft wirst. Sobald Verlinkungen auf irrelevanten Seiten auftauchen oder in hohen Maßen, kann es zu Abstrafungen kommen. Darum ist ein natürlicher Linkaufbau besser als ein gekaufter.

4. Auf die Rechtsvorschriften für deinen Onlineshop achten

Viele Existenzgründer gehen mit sehr viel Engagement an den Aufbau ihres Onlineshops, stecken viel Energie in die Suche nach der passenden Shopsoftware, ins Design, die Struktur und die SEO-Optimierung. Das ist alles gut und richtig, dennoch darfst du die rechtlichen Vorgaben nicht vergessen, wenn du deinen eigenen Onlineshop bauen möchtest.

Was der Gesetzgeber verlangt

Jeder, der in der Bundesrepublik Deutschland als Verkäufer selbstständig ist, muss sich an bestimmte Rechtsvorschriften halten, die der Gesetzgeber zum Schutz des Gewerbetreibenden und auch der Kunden erlassen hat. Diese Vorschriften reichen von der Rechtsform bis zu Gebühren, von rechtssicheren Formulierungen bis zu steuerrechtlichen Vorgaben. Hier die wichtigsten Gesetzesvorgaben im Überblick.

Die korrekte Rechtsform

Zu den Dingen, mit denen du dich schon vor dem Start deines Business im Bereich eCommerce beschäftigen solltest, ist zum Beispiel die Wahl der richtigen Rechtsform für deinen Onlineshop. Wenn du im Internet Produkte oder Dienstleistungen verkaufst, bist du für den Gesetzgeber ein sogenannter selbstständiger Gewerbetreibender und musst dich für eine Rechtsform entscheiden.

Hier kannst du wählen zwischen:

- Einzelkaufmann
- GmbH (Gesellschaft mit beschränkter Haftung)
- Ltd. (englisch: Limited = Kapitalgesellschaft)
- Mini GmbH (günstig und schnell zu errichten, kann in eine klassische GmbH umgewandelt werden)

Notwendige Angaben in deinem Onlineshop

Neben der Rechtsform gibt es auch Vorgaben, welche Informationen der Kunde in deinem Onlineshop vorfinden muss und worüber du ihn unbedingt zu informieren hast. Die unterlassene Bereitstellung der eigentlich notwendigen Angaben und Informationen kann dir als Shopbetreiber großen Ärger einbringen und Strafen nach sich ziehen. Auch Mitbewerber schauen sich deinen Onlineshop ganz genau an. Wenn sie etwas finden, was nicht korrekt ist, sind es nicht selten sie, die dich anzeigen.

Beispielsweise benötigt dein Onlineshop ein Impressum, aus dem klar hervorgeht, wer du bist (Name, Anschrift, Rechtsform, Angaben zur schnellen Kontaktaufnahme). Es muss sichergestellt sein, dass ein Kunde oder eine Behörde dich kontaktieren kann.

Wenn du deinen eigenen Onlineshop bauen möchtest, achte darauf, dass du sowohl einen Text zum Widerspruchsrecht, als auch zu den Allgemeinen Geschäftsbedingungen (AGB) mit integrierst. Diese beiden Texte muss der Käufer aktiv vor der Bestellung bestätigen (Checkbox), damit ein rechtsgültiger Kaufvertrag zustandekommt.

Der Warenkorb-Button war früher mit Texten wie „jetzt bestellen“,

„sofort bestellen“ oder „kaufen“ beschriftet. Dies ist heute nicht mehr ausreichend. Der Kunde muss aufgrund der Beschriftung des Buttons ganz klar erkennen, dass er ein rechtsverbindliches Geschäft tätigt, sobald er den Button drückt. Aus diesem Grund gelten nur Formulierungen als rechtssicher, in denen Begriffe wie „zahlungspflichtig“, „zu diesem Preis“, „verbindlich“, „bindend“ oder „kostenpflichtig“ vorkommen. Es muss eindeutig sein, dass der Kunde eine Zahlungsverpflichtung eingeht.

Seit 2018 gilt laut Gesetzgeber ein Verbot für Gebührenerhebung bei bestimmten Zahlarten. So darfst du als Betreiber eines Onlineshops keine Gebühren verlangen, wenn der Kunde per Lastschrift, Überweisung, MasterCard oder VISA zahlen will. Experten diskutieren noch, ob die Bezahlung mithilfe des Bezahldienstes PayPal ebenfalls unter das neue Verbot fällt. Die Bestellung per Nachnahme bleibt von der neuen Regelung unberührt.

Die Urheberrechte Dritter musst du in deinem Onlineshop ebenfalls beachten. Sie gelten sowohl für Texte, als auch für Fotos. Da ein Verstoß gegen das Urheberrecht zu empfindlichen Strafen führen kann, erkundige dich immer, ob du Fotos oder Texte, die von anderen produziert wurden, kostenfrei nutzen darfst oder ob du eine Nutzungsgebühr an den Urheber oder eine ihn vertretende Agentur zahlen musst. Wenn du kreativ bist, erstelle dir die Produktbeschreibungen und entsprechende Fotos einfach selbst, so kannst du unter Umständen viel Geld sparen.

Wie du dir den etwas anderen Onlineshop baust

Der Onlinehandel nimmt immer mehr Fahrt auf. Es entstehen täglich unzählige, neue Onlineshops. Damit du in diesem Wettbewerb bestehen kannst, muss dein Shop vor allem eines sein, etwas anders als die anderen. Bevor du dein Onlinebusiness startest, schau dir deine Mitbewerber genauer an, informiere dich, was sie in ihrem Shop an besonderen Dienstleistungen anbieten. Hast du etwas entdeckt, was kein anderer Onlineshop bietet? Dann biete du es an! Solche speziellen, vielleicht in deinem Segment nicht üblichen Dienstleistungen könnten sein:

Platzieren des Onlineshops auf ungewöhnlichen Kanälen (z. B. Aktivität in kundenspezifischen Chatforen und Blogs, Erstellung von Produktanwendungsvideos bei YouTube)

- kostenfreie Lieferung auch bei niedrigem Produktpreis
- Beratung durch dich als Chef
- Produktbeschreibungen auf höchstem Niveau
- Ratgebertexte zur besseren Information der Kunden

Hier heißt es nun, die Lücke zu finden, in der sich noch keiner deiner Mitbewerber niedergelassen hat. Solche „Extras" kommen bei den meisten Kunden gut an. Ihre Zufriedenheit ist die Grundvoraussetzung für deinen Erfolg. Wenn sie zufrieden sind, werden sie dich und dein Angebot weiterempfehlen, sodass du mehr Traffic in deinem Onlineshop generierst und letztlich mehr Produkte oder Dienstleistungen verkaufst.

ONLINESHOP ERFOLGREICH GRÜNDEN

Du hast ein Produkt, von dem du absolut überzeugt bist und möchtest es mithilfe deines eigenen Onlineshops verkaufen? Dann versuche es. Obwohl es heute schon eine nicht zu überblickende Anzahl von Shops im Internet gibt, kannst du immer noch deinen eigenen Onlineshop bauen und damit erfolgreich sein. Selbst, wenn du keine vertieften Kenntnisse von den technischen Gegebenheiten hast, kannst du mithilfe von Experten dennoch zum Ziel kommen und deinen eigenen Onlineshop bauen, es wird nur etwas teurer. Du brauchst vor allem zu Beginn viel Ausdauer, Kreativität, ein Gespür für das, was Kunden von einem guten Onlineshop erwarten und letztlich ein gewisses Startkapital, je nachdem, wie dein Onlineshop aussehen soll. Hast du deinen eigenen Shop an den Start gebracht, heißt es für dich, aufmerksam zu bleiben, deinen Onlineshop immer wieder zu analysieren, ihn aktuell zu halten, notwendige Optimierungen vorzunehmen und auf diese Weise die Kunden zufriedenzustellen.

Kapitel 4

Dropshipping

Du hast nun bereits eine Idee von deinem Onlineshop. Wir haben dir verschiedene Möglichkeiten aufgezeigt, wie du ein Shop-System auswählst und auf welche Rechtsvorschriften du unbedingt achten musst.

Du möchtest nun deinen Kunden in deinem Onlineshop eine möglichst große Produktpalette anbieten aber hast nicht genügend Lagerkapazitäten zur Verfügung stehen? Mit Dropshipping sind all deine Probleme gelöst. Wenn du also ein Onlinebusiness bzw. einen Onlineshop betreibst, kannst du über Dropshipping fremde Waren weiterverkaufen - du selbst fungierst nur als Vermittler und kannst so Produkte anbieten, welche du eigentlich gar nicht auf Lager hast.

DROPSHIPPING BUSINESS: IN 24 STUNDEN HAT DEIN ONLINESHOP TAUSENDE PRODUKTE

Mit den richtigen Tricks und Kniffen kannst du deine Angebotspalette optimieren

Was ist ein Dropshipping Business?

Das Dropshipping kann man auch als eine E-Commerce-Art beschreiben, bei welcher der Online-Händler, in diesem Falle du, in seinem Shop diverse Produkte anbietet, welche er eigentlich gar nicht auf Lager hat. Falls nun also einem Kunden ein Artikel gefällt und er diesen kaufen möchte, bzw. diesen bestellt, versendest nicht du den Artikel, sondern du bestellst das Produkt direkt beim Hersteller oder Großhändler, welcher es dann deinem Kunden zusendet. Du selbst hast also keinen physischen Kontakt zu deinem angebotenen Produkt. Aus diesem Grund steht die E-Commerce-Strategie im Gegensatz zum herkömmlichen Einzelhandel, wo du beispielsweise noch jedes Produkt im eigenen Lager hast. Das Dropshipping bietet dir also einen entscheidenden Vorteil gegenüber dem Einzelhandel. Du hast jetzt nicht mehr das Problem eines Lagerbestandes und musst dich nicht um dessen Vollständigkeit kümmern. Du musst also deine angebotenen Artikel nicht einmal versenden und nimmst trotzdem das Geld dafür ein.

Wie starte ich mein Dropshipping Unternehmen?

Zuerst musst du sicher gehen, dass du mit dem Produkt, welches du verkaufen möchtest, keine Copyright-Rechte verletzt, da dies sonst recht teuer werden könnte. Der erste Schritt sollte immer sein, das passende Produkt, sowie den passenden Zulieferer zu finden. Was zuerst einfach klingt, kann schon die erste große Hürde für dich sein. Wenn du dich für ein Produkt und einen Hersteller entschieden hast, solltest du diesen auch kontaktieren. Falls der Hersteller sein Produkt nur in großen Mengen weiter verkauft, solltest du trotzdem eine Liste der Großhändler erfragen, an welche der Hersteller seine Produkte verkauft. Daraufhin kannst du den Großhändler kontaktieren und mit ihm das für dich am besten geeignete Produkt absprechen. Darüber hinaus sind diverse Fachmessen, wo Hersteller ihre Produkte vorstellen, ein optimaler Startpunkt, um neue Beziehungen für dein Unternehmen zu knüpfen.

Trotzdem ist die Arbeit mit einer einmaligen Abmachung mit deinem Großhändler oder Hersteller nicht getan. Man muss immer mit dem Puls der Zeit gehen, sich neue Ideen einfallen lassen und neue Artikel anbieten. Gute Anlaufstellen, bzw. Unternehmen mit ihren Programmen, welche dir bei deinem Start helfen können, sind vor allem Oberlo und Shopify. Durch ihre simple Benutzeroberfläche und ihre jahrelange Tätigkeit in dem Business sind diese Anbieter quasi Experten auf ihrem Gebiet. Außerdem verfügen diese Unternehmen über ein großes Kundennetzwerk inklusive Großhändlern und Herstellen, bei dem du mit Hilfe von CSV-Dateien deine Online Seite ständig aktualisieren und somit auf den neuesten Stand bringen kannst.

Welche Parteien sind mit einbegriffen?

Der Endkunde: Er kauft das Produkt im Online Shop und weiß dabei nicht, ob er eine Dropshipping-Lieferung erhält oder nicht.

Der Verkäufer: Er verwaltet den Shop und versucht, möglichst viele potenzielle Kunden zu generieren. Wenn er eine Bestellung hat, kontaktiert er den Großhändler und gibt den Auftrag weiter. Sein Gewinn ist die Differenz zwischen dem Betrag den der Großhändler ihm für das Produkt berechnet und dem Betrag, den er seinen Kunden in Rechnung stellt.

Der Dropshipping-Anbieter: Er nimmt die eigentliche Bestellung entgegen und leitet den Versand des Produktes in die Wege. Auch er muss Formalitäten wie Versand-, Zoll-und Vertriebskosten regeln.

Vorteile von Dropshipping

Gerade für Unternehmen, die vor Kurzem erst mit Dropshipping angefangen haben, kann es sehr lohnenswert sein, denn es bietet viele Vorteile. Einer der Größten ist eindeutig das niedrige Startkapital, das benötigt wird, um ein Dropshipping-Unternehmen zu gründen. Ein weiterer Vorteil ist, dass sobald der Endkunde das Produkt im Online Shop bestellt und bezahlt hat, der Dropshipper das Produkt beim Händler oder Hersteller kauft und als Empfänger den Endkunden angibt. Das Produkt muss also nicht erst durch deine Hände gehen, sondern kommt direkt beim Kunden an. Du musst dir auch keine Gedanken über überschüssige Produkte machen, da du kein Lager für deine angebotenen Produkte brauchst. So kannst du auch eine viel größere Produktpalette anbieten, was du als Einzelhandels-Unternehmen sehr wahrscheinlich nicht machen könntest.

Nachteile beim Dropshipping

Es gibt beim System des Dropshippings nicht nur Vorteile, sondern auch Nachteile, die gut bedacht werden wollen. Sie betreffen hauptsächlich die Bereiche Versand und Kontrolle. So liegen die Hauptrisiken darin, dass du die Warenbestände des chinesischen Partners nicht kontrollieren kannst, die Versandkosten nicht sicher kalkulierbar sind, sich Unsicherheiten bezüglich der Zuverlässigkeit bei Lieferung ergeben können und alle Probleme mit Rücksendungen und Rückerstattungen im schlimmsten Fall auf deinen Schultern lasten.

Ein nicht zu unterschätzender Nachteil sind auch mögliche Probleme mit dem sogenannten Cross-Selling (Querverkauf von passenden Zusatzprodukten, Ersatzteilen oder von Zubehör). Da die Ware nicht von dir versandt wird, sondern direkt vom Hersteller, hast du ab der Weiterleitung der eingegangenen Bestellung nur noch wenig Einfluss auf die folgenden Abläufe. Erst, wenn etwas schiefläuft, wird sich der Kunde bei dir melden. Bei der Zusammenarbeit mit einem unzuverlässigen Partner mit schlechten Produkten können sich die Beschwerden letztlich häufen. Du erhältst vermutlich negative Kundenbewertungen, was auf Dauer zu finanziellen Einbußen führen wird. Aus diesem Grund ist die Auswahl der richtigen Geschäftspartner essenziell.

Was du über Dropshipping unbedingt wissen musst: Rechtliche Aspekte

Wir wollen dir nicht nur erzählen, wie großartig Dropshipping (oder auch: Streckengeschäft) funktionieren kann, denn eines ist klar: Wenn es so einfach wäre, mit diesem Geschäftsmodell Tausende oder gar Hunderttausende Euro zu verdienen, würde es natürlich jeder machen. Bei uns bekommst du hingegen umfassende Informationen, und wir warnen dich auch vor eventuellen Fallstricken, damit du schlechte Erfahrungen vermeiden und gleich optimal durchstarten kannst.

Zunächst soll es um die rechtlichen Aspekte gehen. Bitte bedenke: Wir sind keine Anwälte und können keine rechtliche Beratung leisten. Wir berichten nur aus unseren eigenen Erfahrungen und denen unserer Partner. Wenn ihr also bei einem bestimmten Thema nicht sicher seid, nehmt euch einen Anwalt oder sonstigen versierten Berater!

Welche Produkte aus China solltest du lieber nicht in dein Sortiment aufnehmen?

In China gelten ganz andere Regeln und Vorschriften als in Deutschland, Österreich oder der Schweiz. Wir nehmen es hier mit der Produktsicherheit sehr genau. Die meisten Waren dürfen ohne CE Kennzeichnung nicht in den Verkehr gebracht werden und viele müssen erst einmal eine Prüfung beim TÜV durchlaufen, bevor sie verkauft werden dürfen. Das ist einer der Gründe, warum Waren bei uns deutlich teurer sind als solche aus chinesischer Produktion, einmal abgesehen von den Lohnkosten, die mit unseren nicht zu vergleichen sind. Zudem dürfen in China bei der Produktion teilweise bestimmte Zusatzstoffe eingesetzt werden, die in Deutschland aus gesundheitlichen Gründen verboten sind. Auch die Qualität der Artikel lässt oft zu wünschen übrig, weswegen du von manchen Artikeln besser die Finger lassen solltest, vor allem, wenn sie einfach zu billig sind, um wahr sein zu können. Mache in jedem Fall auch eine Probebestellung und kontrolliere die Waren, bevor du sie in deinem Namen an Endkunden verkaufst.

Diese Produkte sind mit Vorsicht zu genießen:

- Kosmetik, Salben und Cremes

Kannst du dir sicher sein, dass sich nur erlaubte und geprüfte Inhaltsstoffe darin befinden? Reagiert ein Kunde allergisch, wird er sich mit seiner Beschwerde immer an dich richten.

- Spielzeug und Kuscheltiere

Solche Produkte unterliegen in Europa strengen Sicherheitsvorschriften und müssen, nach einer erfolgreichen Prüfung gemäß bestimmter Normen durch den Hersteller oder Inverkehrbringer selbst, mit dem CE Kennzeichen versehen sein. Produkte aus China tragen oft ein gefälschtes Siegel. (Du kannst das recht leicht erkennen. Beim originalen CE Zeichen ist der mittlere Strich des „E" kürzer als die anderen beiden.)

- Kleidung

Durch den Hautkontakt können eventuell enthaltene bedenkliche Stoffe in den Körper eindringen und Allergien oder Krankheiten verursachen.

- Schmuck

Billiger Schmuck könnte Substanzen wie Schwermetall enthalten, die ebenfalls Allergien und Krankheiten auslösen können.

- Lizenzprodukte

Alle Produkte, die etwas mit Stars, Filmen und Serien zu tun haben, sind mit großer Wahrscheinlichkeit nicht billig zu haben. Der Hersteller bezahlt meist hohe Lizenzgebühren, um das Konterfei eines Stars oder Ähnlichem auf seine Produkte drucken zu dürfen, was sich natürlich auf den Endpreis auswirkt.

- Markenartikel

Gucci, Prada, Apple, Nike & Co werden sicherlich nicht zulassen, dass ihre Waren auf einer chinesischen Plattform an beliebige Zwischenhändler verkauft werden. Sie liefern nur an ausgewählte Stores und Händler, die dafür ihrerseits mit zusätzlichen Gebühren belastet werden. Wenn du also günstig an solche Artikel kommst, sind sie gefälscht. Das Problem dabei: Wenn der Zoll sie entdeckt und konfisziert, wirst du zur Verantwortung gezogen. Auch schon, wenn du nur einen einzigen Artikel kaufst, kann von einem gewerbsmäßigen Handel ausgegangen werden. Und das kann für dich richtig teuer werden!

- Vorsicht auch bei elektronischen Waren!

Elektronik muss ebenfalls mit der CE Kennzeichnung versehen sein. Ein weiteres Problem: Werden minderwertige Komponenten verbaut, entsteht ein Sicherheitsrisiko. Doch wer haftet dann eigentlich?

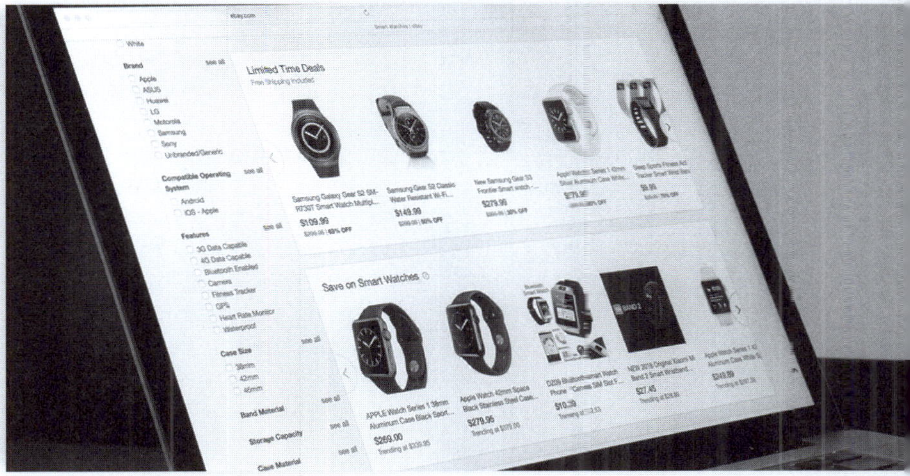

Produkthaftung: Wer wird zur Verantwortung gezogen, wenn ein Schaden entsteht?

Es ist leicht vorstellbar: ein elektronisches Teil gerät in Brand, ein Auge vom Teddybär löst sich und wird verschluckt, oder eine billige Creme löst eine Kontaktallergie aus. Natürlich wendet sich der Kunde mit seiner Reklamation an dich. Nur bist du auch haftbar?

Grundsätzlich ist der Hersteller eines Produktes haftbar. Bist du jetzt fein raus? Nein, denn wenn dieser in Asien sitzt, ändert sich die Sachlage: Wird eine Ware in einem Nicht-EU Land hergestellt, die du verkaufst, giltst du als Hersteller. Und wenn du nicht gerade eine GmbH gegründet hast, haftest du mit deinem gesamten Privatvermögen für jeden Schaden, der einem Kunden widerfahren ist.

Dropshipping und die Steuern

Achtung: Wir können und wollen dir keine steuerliche Beratung geben. Bitte wende dich mit deinen Fragen unbedingt an deinen Steuerberater.

Waren via Dropshipping zu verkaufen ist steuerlich gesehen eine echte Herausforderung, denn du musst die Umsatzsteuer in dem Land zahlen, in welches du deine Produkte schickst. Zumindest dann, wenn sie direkt aus China (Nicht-EU) in ein EU-Land versendet werden. Wenn du die Ware erst zu dir liefern lassen würdest um sie dann selbst zu verschicken, läge der Fall gleich ganz anders. Das wäre allerdings kein Dropshipping mehr. Du musst dich in jedem Land, in das du versendest, steuerlich registrieren lassen und dann die jeweilige Umsatzsteuer fristgerecht abführen.

Lässt du die Ware allerdings in die USA liefern, hast du deutlich weniger Probleme. Dann kannst du die Umsatzsteuer ganz normal in dem Land abführen, in dem du lebst, und musst in den USA keine Steuer zahlen. Das gilt allerdings nur, wenn dein Großhändler tatsächlich aus China versendet und nicht ebenfalls in den USA. Wenn du sichergehen willst: Frag deinen Steuerberater!

Wie viel Geld musst du in dein Dropshipping Business investieren, um erfolgreich zu sein?

Der eine oder andere wird dir vielleicht erzählen, dass du mit 150 Euro ein erfolgreiches Dropshipping-Business starten kannst, aber das ist natürlich nicht wahr. Der teuerste Aspekt deiner Unternehmung ist der Traffic in deinem Shop, den du natürlich nach allen Regeln der SEM-Kunst anheizen kannst. Um Facebook-Ads und Instagram-Werbung wirst du allerdings nicht herumkommen, und sie stellen einen wesentlichen Kostenfaktor dar. Für die folgenden Dinge brauchst du ebenfalls Kapital:

Dein Shopsystem, z.B. Shopify oder das Hosting für einen Wordpress Woocommerce Shop, plus das entsprechende Theme für den deutschen Markt.

- Rechtstexte wie AGB, Impressum, Widerrufsbelehrung
- Steuerberater
- Rechtsberatung
- Grafiken und Bilder
- Werbetexte

Das sind die besten Dropshipping-Anbieter für dich

AliExpress

AliExpress ist sozusagen das asiatische Amazon, welches tagtäglich Millionen von Produkten aus verschiedensten Branchen anbietet. Falls du das erste Mal bei Aliexpress bestellen möchtest, solltest du dich vorher über die Zollbestimmungen und rechtlichen Grundlagen informieren.

DHgate

DHgate ist ebenfalls eine chinesische Firma, welche 2004 gegründet wurde. Heute kann das Unternehmen mehr als 4 Millionen Kunden aus 230 Ländern vorweisen. Spezialisiert hat sich das Unternehmen vor allem auf elektronische Geräte, liefert jedoch auch Spielzeuge und Klamotten.

ShenInside

Seit 2008 wurden über ShenInside schon mehr als eine Millionen Artikel bestellt und ausgeliefert. Dabei konzentriert sich das Unternehmen fast ausschließlich auf Textilwaren mit den neusten Trends aus Europa und Amerika. Trotz hoher Qualitätstandards bietet dir ShenInside ein gutes Preis-Leistungs Verhältnis.

Dropshipping über Alibaba – So machen es die Profis

Geld über das Internet zu verdienen wird auch bei uns in Deutschland immer beliebter. Es werden immer mehr Onlineshops eröffnet, die sehr spezielle oder breit gestreute Sortimente anbieten. Eine wichtige Frage bei einem solchen Onlinebusiness lautet, ob du die Produkte selbst lagern und versenden möchtest, oder ob du auf das sogenannte Dropshipping-System zurückgreifst. Dabei geht es darum, mit Herstellern beispielsweise aus China eine Kooperation aufzubauen, in deren Rahmen die Kunden ein Produkt zwar in deinem Onlineshop bestellen, es aber direkt vom Hersteller zugesandt bekommen.

Du selbst fungierst nur als Vermittler und verdienst an der von dir kalkulierten Gewinnmarge. Wenn du in China Geschäftsbeziehungen knüpfen und infolgedessen Produkte kaufen möchtest, kommst du am B2B-Marktplatz Alibaba nicht vorbei. Das Unternehmen, das erst 1999 gegründet wurde, gilt heute als größte und erfolgreichste Online-Handelsplattform in ganz Asien und inzwischen darüber hinaus.

Wenn du also ein Onlinebusiness, bzw. einen Onlineshop betreibst, kannst du über Dropshipping fremde Waren weiterverkaufen. Dafür kannst du Alibaba als Kooperationspartner nutzen. Über die Seite kannst du beispielsweise Produkte einkaufen und dann über Amazon weiterverkaufen. So brauchst du keine eigenen Produkte, sondern kannst die Kreativität anderer nutzen, um Einnahmen zu generieren. Aber wie funktioniert das genau? Was musst du tun, um mithilfe von Alibaba an Kooperationspartner und zuverlässige Lieferanten zu kommen?

Anmeldung bei Alibaba

Um selbst auf dem B2B-Portal (englisch: Business-To-Business = B2B) aktiv sein zu können, benötigst du einen Account. Einen solchen zu bekommen ist mit Aufwand verbunden, da Alibaba hohe Anforderungen an seine Händler stellt. Das macht sich an dem Verifizierungsprozess bemerkbar. Um dich als Händler auszuweisen, verlangt Alibaba folgende Dokumente

- Geschäftslizenz
- Ausweisdokumente
- IP-Adresse

Durch diese Maßnahmen will Alibaba sicherstellen, dass Betrüger keine Chance erhalten, die Plattform für ihre Zwecke zu missbrauchen. Wenn du einen Account genehmigt bekommen hast, ist es sinnvoll, möglichst viele Angaben über dein eigenes Business zu machen, damit du einen guten Eindruck hinterlässt, falls Interessenten es anklicken. Dann kannst du dich auf die Suche nach seriösen Geschäftspartnern machen.

Die richtigen Partner für Dropshipping über Alibaba

Eine Schwierigkeit besteht darin, dass die Entfernung zwischen dir und möglichen Partnern aus China ziemlich groß ist. Vermutlich ist es nicht möglich, persönlich dorthin zu reisen, um Verhandlungen zu führen. Daher solltest du sehr genau recherchieren, mit wem du es zu tun bekommst, falls du mit einem Hersteller kooperierst. Um die Seriosität zu überprüfen, könntest du folgendes tun:

- Überprüfe, ob ein Account von Alibaba verifiziert wurde;

- Checke den Background des an einer Kooperation interessierten Unternehmens (z. B. Handelsregister);

- Persönliche Kontaktaufnahme des Unternehmens, beziehungsweise des Ansprechpartners;

- Aneignen von Fachwissen zu asiatischen Gebräuchen bei Geschäftsbeziehungen (z. B. bezüglich formloser Formulierungen von Anfragen, ungewohnter E-Mail-Adressen).

Anhand solcher Informationen kannst du normalerweise schon sehr gut einschätzen, ob ein möglicher Kooperationspartner vertrauenswürdig ist oder nicht. Der Idealfall wäre natürlich, wenn du zu dem Unternehmen persönliche Kontakte pflegst.

Verdienstmöglichkeiten über Alibaba durch niedrige Preise

Besonders reizvoll ist eine Zusammenarbeit mit einem chinesischen Produzenten, weil die Herstellungskosten für Produkte in China normalerweise sehr viel niedriger sind, als bei uns in Deutschland. Als Onlinehändler mit einem Account bei Alibaba zahlst du in der Regel eine Gebühr an die Plattform. Diese musst du selbstverständlich auf deinen letztlich zu kalkulierenden Verkaufspreis aufschlagen. Warum kommt es aber zu den Kampfpreisen, für die chinesische Unternehmen ihre Produkte anbieten? Das liegt einmal an den bereits sehr niedrigen Kosten für die Herstellung. Wenn du große Mengen kaufst, wird dir der chinesische Partner noch einmal einen kräftigen Nachlass gewähren.

Je nach Produkt beträgt der Einkaufspreis häufig nur Cent-Beträge oder ist zumindest so niedrig, dass du eine ordentliche Gewinnmarge aufschlagen kannst. In diese solltest du neben den dir entstehenden Kosten (Büromiete, Strom usw.) auch anfallende Zölle und Steuern, sowie die gewünschte Gewinnmarge mit einberechnen. Selbst mit all diesen Kostenaufschlägen erhältst du aufgrund des niedrigen Einkaufspreises einen Verkaufspreis, an dem du etwas verdienst und der dennoch deutlich niedriger ist als für ein gleichwertiges Produkt aus einem europäischen Land.

Was beim Dropshipping mithilfe von Alibaba unbedingt zu beachten ist

Beim Dropshipping über das Lieferantenverzeichnis von Alibaba gibt es aber einige Fragen, die du vor dem Beginn einer solchen Aktivität beantworten, beziehungsweise für dich selbst klären solltest. Beispielsweise sind folgende Fragestellungen essenziell:

- Besteht eine Lieferantenbeziehung zwischen dir und dem Hersteller?
- Ist die Lieferung der Ware wirklich sichergestellt?
- Wie werden Rücksendungen und Reklamationen behandelt?
- Sind verlängerte Lieferzeiten berücksichtigt und dem Kunden gegenüber erkennbar?
- Sind die gelieferten Produkte neu, oder verschickt der Hersteller gebrauchte Ware?
- Kann eine für Deutschland steuerrechtlich einwandfreie Rechnungsstellung gewährleistet werden?

Wichtige Informationen über Dropshipping bei Alibaba

Im Internet findest du zahlreiche Ratgebertexte zum Thema Dropshipping über Alibaba. Das Unternehmen bietet inzwischen auch eine deutschsprachige Seite an, auf der du dich als Händler über die Möglichkeiten informieren und nach Partnern suchen kannst. Mit diesem Service macht das Unternehmen deutlich, dass auch der deutsche Onlinemarkt von großer Bedeutung ist. Hier findest du alle wichtigen Informationen (https://german.alibaba.com/).

Dropshipping umgekehrt

Dieses System des Dropshippings funktioniert bei Alibaba auch umgekehrt. Mit einem Händleraccount bist du nicht nur in der Lage, Waren aus China zu beziehen, sondern auch eigene Produkte über Alibaba anzubieten. Wenn du also ein neues, interessantes Produkt verkaufen möchtest, kannst du auf Alibaba dafür werben. Das funktioniert über deinen sorgfältig ausgefüllten Account, auf dem du das Produkt bewirbst und mit möglichst hoch aufgelösten Fotos untermauerst. Mit einem überzeugenden Auftritt findest du im Idealfall chinesische Händler, die dein Produkt für dich auf dem chinesischen Markt verkaufen. Für diesen Fall musst du sicherstellen, dass du eine gleichbleibend hohe Qualität des Produkts gewährleisten und vereinbarte Liefermengen einhalten kannst.

Alibaba bietet einen Einstieg ins Dropshipping in zwei Richtungen an. Alle notwendigen Infos findest du auf der, weiter oben bereits angegebenen, deutschsprachigen Website des Unternehmens.

Fazit:

Dropshipping hat für dich Vorteile sowie auch Nachteile. Gleichzeitig besitzt es beim richtigen Einsatz ein enormes Potenzial, um eine große Zahl an Kunden zu

gewinnen. Vor allem für Neueinsteiger in der E-Commerce-Welt ist es eine gute Möglichkeit, um erste Eindrücke zu sammeln. Dabei gibt es eine große Anzahl an Unternehmen, welche dir auf der einen Seite die Großhändler und Hersteller vermitteln (Shopify und Oberlo). Auf der anderen Seite gibt es aber auch eine Vielzahl an Unternehmen, welche dir als geeignete Zwischenhändler zur Verfügung stehen (AliExpress, DHgate, ShenInside und Co.).

Kapitel 5

eSport

In den letzten Jahren hat es im Bereich Computerspiele einen unglaublichen Boom gegeben und die Branche ist erfolgreicher als jemals zuvor. Das liegt auch daran, dass die Zahl der Gamer von Jahr zu Jahr steigt. Doch sind viele keine Hobby-Gamer mehr, die in ihrer Freizeit einfach nur zocken. Schon längst gibt es hier auch Geld zu verdienen und das nicht nur für die Profis unter den Gamern. Auch immer mehr Freizeit-Gamer nutzen den eSport als Möglichkeit für einen Nebenverdienst und können dabei einen ordentlichen Lohn abstauben.

Auch als Werbeplattform ist der eSport über die Jahre immer interessanter geworden, denn wenn du denkst, dass die iGaming Branche bereits genug mit Online Wettportalen und mobilen Wett-Apps zu tun hat, möchten wir dich heute eines Besseren belehren: eSports ist das Thema der Stunde. Während das iGaming früher eine oft belächelte Freizeitbeschäftigung von Nerds war, ist das virtuelle Wetten und Zocken zum Mainstream-Hobby aller Klassen aufgestiegen, von denen auch Gründer profitieren können.

Immer populärer wird neben der Freizeitbeschäftigung auch das Wetten auf eSports-Events. Doch was genau hat es damit auf sich und warum der Markt den Buchmachern Millionen Umsätze beschert, wollen wir euch später in diesem Artikel einmal näher bringen.

eSports & iGaming: Umsätze brechen alle Rekorde

Nach vorsichtigen Schätzungen wird der Umsatz durch Videospiele im Jahr 2020 rund 85,4 Milliarden Dollar betragen. Auch eSports werden einen nicht zu verachtenden Anteil an dieser Summe haben. Der Begriff eSports steht übrigens für den elektronischen Wettkampf und beschreibt dabei das Duell zwischen Mannschaften oder Individualspielern, wobei es viele Disziplinen gibt. Das derzeit beliebteste eSport-Game ist das Computerspiel „League of Legends", dass weltweit mehr als 100 Millionen User zählt. Die Zielgruppe des virtuellen Sportvergnügens liegt übrigens bei jungen Männern zwischen 19 und 34 Jahren. Von vielen Branchenspezialisten werden eSports als Werbekanal gesehen, der die ideale Plattform bietet, um die für viele Unternehmen attraktive Zielgruppe zu erreichen.

Auch für dich besteht da natürlich die Möglichkeit, als Pro-Gamer Geld zu verdienen. Ok, du wirst am Anfang jetzt keine Reichtümer einspielen und an die Gewinnsummen herankommen, welche mittlerweile die Profis unter den Gamern erzielen. Für dich gibt es mittlerweile Turniere, beispielsweise in den USA, wo es bis zu einer Million Dollar zu verdienen gibt und die bei ihren Turnieren ganze Stadien füllen. Viele wissen gar nicht, dass es ein großes Angebot an kleineren Turnieren gibt, an denen auch du teilnehmen kannst. So richtet beispielsweise die Electronic Sports League, kurz ESL genannt, fast jeden Tag solche Turniere aus. Die Teilnehmerzahl hält sich dabei gering, manchmal sogar im zweistelligen Bereich. Desto größer sind für dich die Chancen, dort ein Preisgeld zwischen durchschnittlich 50 Euro und 300 Euro zu gewinnen. Deine Gegner bei diesen Turnieren sind alles keine Profis, sondern Hobby-Gamer, die einfach Spaß am Zocken haben. Von Vorteil für dich ist auch, dass die Anmeldung völlig kostenlos ist. Um die Art und die Zeit von diesen Turnieren zu erfahren, musst du einfach nur auf die Webseite der Electronic Sports League gehen.

Ein Pro-Gamer werden - Das sind die Vorteile

Mit deinem Hobby Geld zu verdienen klingt natürlich schon mehr als reizvoll. Doch wenn du es schaffst, dir tatsächlich einen Namen in der Gamer-Szene als Profi-Zocker zu machen und einem größeren Team beizutreten, wartet mehr auf dich als nur der Spaß an der Arbeit!

Sponsoren: Je weiter dein Bekanntheitsgrad steigt, desto mehr Sponsoren zeigen natürlich Interesse an dir! Das hat viele Vorzüge, denn vorallem gutes Equipment kann auf Dauer teuer sein. Ein Sponsor wie z.B. Razer kann dich mit dem besten Equipment ausstatten, wenn du es dafür in Streams und auf Turnieren benutzt. Beide Parteien profitieren dabei, denn deine Fanbase wird sich ähnlich ausstatten wollen wie ihr Idol.

Geld: Neben dem beachtlichen Einkommen und Werbedeals kann dein Budget als bekannter Profi auch durch regelmäßigen Support durch Fans und Preisgelder gewonnener Turniere aufgestockt werden. Dabei können Summen im bis zu 3-stelligen Bereich im Gespräch sein.

Ruhm: Mit herausragend guter Leistung und gewonnenen

Matches steigt natürlich deine Bekanntheit immer mehr an. eSports hat eine große Anzahl von Zuschauern, die mit Leidenschaft ihre Vorbilder verfolgen. Stichst du dabei als einer der Besten heraus, bildet sich automatisch deine eigene Fangemeinde, die dir mit jedem gewonnenen Match Ruhm und Ehre verschafft.

Gaming-Häuser: Damit die Spieler sich voll und ganz auf ihre Arbeit konzentrieren können, unterstützen einige Sponsoren ihre Teams mit einem sogenannten "Gamer-Haus". Dort bildet das Team in einer tollen Umgebung eine WG, um maximale Ergebnisse im Training und in Turnieren zu erzielen.

Events: Auf Events ist deine Präsenz als bekannter Pro natürlich auch sehr wichtig! Turniere wie "ESL One Cologne" oder "The Internationals" haben die Aufmerksamkeit der ganzen eSports-Community, und als aufstrebender Pro-Gamer darfst du da natürlich nicht fehlen. Für die Kosten kommen meist die Sponsoren auf, wodurch du finanziell auch noch weiter entlastet wirst.

Welche Voraussetzungen musst du erfüllen?

Die Fähigkeiten und Voraussetzungen die du brauchst um als Pro-Gamer Geld verdienen zu können, sind natürlich unterschiedlich. Es kommt immer ganz darauf an, welche Spiele du bestreiten möchtest. Sehr oft sind in Einzelspielen Eigenschaften wie Koordination zwischen Hand, Auge und Reaktionsgeschwindigkeit gefragt. Geht es im Team zur Sache, dann ist natürlich auch die berühmte Teamfähigkeit von Nöten. Auf jeden Fall aber brauchst du ein gutes und weitreichendes Spielverständnis. Wie in jeder anderen normalen Sportart ist dabei auch beim eSport vor allem die Motivation eine wichtige Voraussetzung, die du mitbringen musst. Wenn du als Pro-Gamer Geld verdienen willst, dann musst du dir darüber klar sein, dass auch hier tägliches Training eine wichtige Maßnahme ist. Das ist jetzt bei dir nicht so ausgeprägt wie es bei den Profis unter den Gamern der Fall ist, die jeden Tag mehrere Stunden trainieren, aber mindestens zwei Stunden am Tag solltest du auch für dich einplanen, wenn du vor hast, damit Geld verdienen zu wollen.

Auch Disziplin und realistische Selbstreflexion sind wichtige Eigenschaften, die du mitbringen solltest. Tägliches Training heißt, sich auch mal an Tagen an den PC zu setzen, an denen man eigentlich keineLust auf das Spiel hat und lieber etwas anderes tun würde. Sollte dann in Folge dessen ein Match mal nicht gut verlaufen, gilt es, Professionalität zu bewahren und den Fehler zuerst bei sich selbst zu suchen, anstatt die Schuld den eigenen Teammitgliedern zuzuweisen. Nur so kannst du an deinen Schwächen arbeiten, und deine Stärken ausfeilen, um schnell im Ranking nach oben zu kommen.

Welche Disziplinen gibt es im eSport?

Potenzial für eSport hat eigentlich so jedes Spiel, bei dem du dich mit anderen messen und in Wettbewerb treten kannst. Am häufigsten findest du aber Ego-Shooter, Echtzeitstrategiespiele und Sportsimulationen. Die derzeit populärsten Spiele im Bereich eSport sind League of Legends, Dota 2, Starcraft 2 und Counter Strike. Mit welchen Spielen du aber Geld verdienen kannst und vor allem wie viel Geld verdienen möglich ist, findest du auf der Seite von ESL (Electronic Sports League). Unter esl.eu/de findest du unter der Kategorie „Pro Gaming" alle Spiele im Bereich eSport, bei denen um Geld gespielt wird.

Wie kannst du ein guter Pro-Gamer werden?

Um Geld verdienen zu können, musst du natürlich ein guter Gamer sein. Dazu ist es wichtig, dass du dich auch ständig verbesserst. Je besser du bist, desto mehr springt dabei für dich raus. Hier gilt natürlich für dich das Sprichwort „Übung macht den Meister" und das bedeutet nichts anderes, als dass ein permanentes Training notwendig ist. Um dich und deine Fähigkeiten noch weiter verbessern zu können, habe ich hier noch drei Tipps für dich, welche dir helfen, besser zu werden.

Tipp 1: Analysiere ständig deine Replays. Nach jedem gespielten Spiel solltest du dir ein paar Minuten Zeit nehmen und dir das Replay im Schnelldurchlauf noch einmal ansehen. Dabei solltest du ganz gezielt auf die Fehler achten, welche du im Spiel gemacht hast. Allein mit dieser Methode wirst du lernen und solche Fehler dann nach und nach minimieren können.

Tipp 2: Orientiere dich auch an den echten Profis. Schau dir von diesen immer wieder Streams an. Von ihnen kannst du einiges lernen. Achte darauf, wie sie sich in bestimmten Situationen verhalten, lerne von deren Strategien und erweitere auf diese Weise dein eigenes Spielverständnis.

Tipp 3: Nimm dir auch mal eine Auszeit. Das heißt, dass du dir auch mal eine Pause vom Spielen gönnen sollst. Diesen Tipp geben auch die echten Profis. Nicht immer nur jeden Tag auf Biegen und Brechen dein Spiel machen, sondern einfach auch mal abschalten. Das machen auch andere Sportler. Ein Tennisspieler stellt auch mal seinen Schläger in die Ecke und geht dann noch einer Pause wird neu motiviert ans Werk. Dies gilt beim eSport und für dich genauso.

Wie wirst du von einem Talentscout entdeckt?

Nun hast du schon viel Zeit in dein Training gesteckt, die richtige Mentalität aufgebaut, und fühlst dich endlich wie ein Profi auf deinem Gebiet - doch wie machst du dein Wissen nun zum Erfolg?

Wie bei Profi-Fußballern auch musst du erst entdeckt werden, um in die großen Teams aufsteigen zu können. Dafür gilt es, Aufmerksamkeit zu erregen, indem man sich einen Namen in der Gamer-Szene macht. Eine Möglichkeit dafür wäre, sich bei den bekannten Teams, wie z.B. Team SoloMid, Cloud 9, Fnatic, etc, für Tryouts zu bewerben. Solltest du dort mit außergewöhnlichem Talent und professionellem Verhalten glänzen können, kannst du mit etwas Glück einen Platz in der Profi-Liga erhaschen.

Hast du dich z.B. auf das Spiel League of Legends spezialisiert, kannst du allerdings auch ohne Tryouts entdeckt werden. Durch das Ranking-System des Multiplayers besteht die Möglichkeit, die Ränge Diamond 1 und Challenger zu erreichen, und somit in-game auf andere Profi-Spieler zu treffen. Wenn es dir gelingt, mehrere Male gegen die "Top Tiers" zu siegen, erregt das natürlich die Aufmerksamkeit der Großen, und die Chance entdeckt zu werden steigt enorm.

Wenn du dir bereits eine gewisse Followerzahl aufgebaut hast, kann durchaus auch ein erfolgreicher Stream dazu führen, dass die höhere Liga ein Auge auf dich wirft. Auch um Sponsoren anzulocken kann sich ein guter, beliebter Stream durchaus lohnen! Denn auch wenn du ein perfektes Game hin legst, sind viele Zuschauer und potentielle Kunden natürlich das Attraktivste für jeden Sponsor.

So kannst du als Streamer Geld verdienen

Auch als Streamer kannst du natürlich im eSport Geld verdienen. Doch dazu musst du erst einmal klein anfangen, das heißt dir erst einmal die nötige Erfahrung als Gamer holen. Als Streamer kannst du dann mit einem Stream online gehen. Aber hier ist es wichtig, dass du langsam dir deine Follower aufbaust. Hast du dann eine gewisse Anzahl an Followern für dich gewinnen können, kannst dich damit beschäftigen, nun auch Geld verdienen zu können. Auf gewissen Plattformen, beispielsweise Twitch, kannst du Werbung auf deinen Kanal schalten lassen, mit der du nach Klickzahl bezahlt werden kannst. Das kannst du aber auch mit Anzeigen machen auf deinem YouTube-Channel oder anderen Kanälen, welche du nutzt.

Die bekanntesten Plattformen für dich als Streamer

Um entsprechend erfolgreich zu sein und als Streamer auch Geld zu verdienen, brauchst du auch die entsprechende Plattform. Die bekanntesten sind:

twitch.tv: Dies ist das am weitesten verbreitete Streaming-Portal und bei vor allem für die Gamer die wichtigste Plattform. Jeder der sich dort ein Benutzerkonto anlegt, kann einen eigenen Kanal erstellen. Wenn du übertragen möchtest, brauchst du dazu aber eine Streaming-Software wie beispielsweise XSplit oder Open Broadcaster Software. Wenn du eine Playstation4 oder Xbox One hast, ist keine zusätzliche Software notwendig.

OWN3D.TV: Die älteren Gamer werden diese Plattform sicher noch kennen. 2013 musste diese Plattform aber wegen wirtschaftlichen Gründen die Segel streichen und war danach von der Bildfläche verschwunden. Leidenschaftliche Macher aus Österreich haben der Plattform wieder neues Leben eingehaucht und wollen sich nicht nur auf ihr Heimatland konzentrieren. Sie haben sich vorgenommen, im Jahr 2018 so richtig durchzustarten. Sie haben sich zum Ziel gesetzt, ein Angebot zu erstellen, welche Streams so richtig professionell aussehen zu lassen.Für 2018 hat sich der Gründer vorgenommen, auch komplette Seiten für Streamer anzubieten. Sollte man also nicht aus den Augen lassen wie die Entwicklung verläuft.

Smashcast.tv / ehem. Hitbox.tv: Hier dieser Streaming-Plattform verbirgt sich ein noch relativ neues Startup aus Wien. Diese Plattform ist wie twitch für Gamer ausgerichtet. Bei hitbox.tv ist es für dich möglich, durch Partnerprogramme selbst Werbung in deinen Streams einblenden und auf diese Weise Geld verdienen. Bei dieser Plattform ist deine Mitgliedschaft kostenlos und zum Start für deinen Stream ist Streaming-Software wie beispielsweise XSplit oder Open Broadcaster Software notwendig.

Twitch.tv ist dabei wohl der beliebteste Anbieter, der gleichzeitig einen einfachen Einstieg in eSport-Werbung bietet. Hier können Gründer und Co. Spots platzieren, die während der Pause eines Events automatisch eingeblendet werden. Die meisten Unternehmen werben mit aufwendigen Videos, die bis zu 25 Sekunden auf dem Bildschirm des Zuschauers zu sehen sind. Für 1.000 Einblendungen fallen bei Twitch.tv umgerechnet 90,00 Euro an. Der Vorteil dieses Marketings liegt deutlich auf der Hand: Über die Videoplattform kann eine Zielgruppe perfekt erreicht werden, die in dieser Form kaum woanders zu finden ist. Für Gaming-Produkt wäre Twitch ein hervorragender „Laufsteg".

Doch nicht nur bei Events, denen Zehntausende vor dem Bildschirm zuschauen, besteht die Möglichkeit Werbung zu schalten. Auch einzelne Gamer, die sich live zur Show stellen, bieten oftmals eine ideale Plattform, um sein Produkt anzupreisen. Neben der Möglichkeit eines Spots können die Streamer auch angeschrieben werden, um einen Werbedeal auszuhandeln. So wirbt der bekannte Profi beispielsweise während einer kurzen Pause seines Broadcasts für euer Produkt und erreicht damit tausende Follower, die ihm vertrauen und sicherlich auch Interesse an einem Produkt zeigen, welches er super findet und selbst nutzt.

Werbung kann sich für Gründer eines themenrelevanten Produkts durchaus lohnen

Aufgrund der stetig wachsenden Fangemeinde eines Games, kann sich durchaus auch das Platzieren eines Werbebanners oder eines Spots während einer Veranstaltung als lohnenswert erweisen. Millionen von Jugendlichen und Erwachsenen schauen sich die Spektakel häufig an, um ihre Wetten verfolgen zu können.

Bekannte Unternehmen, die bereits auf diesen Zug aufgesprungen sind, lauten Intel, Samsung, Telekom, Coca Cola und Co. Selbst eigene Teams werden inzwischen nach einem Unternehmen benannt, um so Werbung für dieses zu betreiben. Besonders im League of Legends Bereich ist SK Telecom T1 ein Werbebotschafter für den bekannten DSL- und Mobilfunkanbieter. Durch zahlreiche Meisterschaften konnte das Team bereits öfter auf sich aufmerksam machen und somit auch den Anbieter gut in Szene setzen.

Man sollte vor allem die ständig ansteigenden Zuschauerzahlen nicht außer Acht lassen. Große Events können mit bis zu 32 Millionen Zuschauern weltweit aufwärts rechnen, die zum Großteil der für viele Unternehmen interessanten Zielgruppe entsprechen. Ausverkaufte Stadien sind dabei keine Seltenheit, bei denen die Veranstaltungen zumeist über die Hauptstädte Europas und Amerikas verteilt sind.

eSports-Events und Messen besuchen

Wer sich einmal auf der GamesCom rumgetrieben hat, weiß wie viele Stände es in der Halle gibt. Auf kleinstem Raum werben Unternehmen mit ihren Produkten und Dienstleistungen. Auch kleinere Unternehmen können hier punkten und die Ware an den Mann bringen.

Ratsam ist es hier ebenfalls wieder auf einen Profi-eSportler zu setzen und diesen mit an den Stand zu stellen. Oftmals im Stream auf Twitch.tv sprechen diese Profis mit ihren Fans über die verschiedensten Messen und Stände. Wer sich hier einen viel angesehen Streamer ins Boot holt, wird dies sicher nicht bereuen und eine ganze Menge an Menschen anziehen.

Viele Unternehmer betrachten dieses Vorgehen als Schwachsinnig, weil sie einfach unterschätzen, was für eine „Macht“

die Streamer auf die Zocker von Morgen haben. Das die Kids dabei durchaus gerne Geld in die Hand nehmen, um ihre Idole zu unterstützen, zeigt sich wieder auf den verschiedenen Streaming-Portalen, in denen man neben Spenden auch die sogenannte „Follow-Funktion" einstellen kann. Während Spenden ab einem Euro losgehen, kostet ein Follow um die 5,00 Euro und zeigt, dass Jugendliche durchaus Geld in ihre Lieblinge investieren. Dafür erhalten die Zuschauer nicht einmal eine Gegenleistung die greifbar ist. Lediglich besondere Smileys und die Abschaltung der Werbung werden als Gegenleistung erbracht.

eSport-Konsumenten erreichen

Um die Zielgruppe des eSports effizient zu erreichen, zählt vor allem der erste Eindruck. Strategisches Vorgehen und ein möglichst authentisches Auftreten können dabei helfen, mit den richtigen Methoden Kunden anzuwerben.

Videos: 75% der User besuchen die Website der Marke, nachdem sie ein Video von dieser gesehen haben, heißt es laut Digital Sherpa. Um eSport-Fans von einer Marke zu überzeugen, kann es sich daher lohnen, ein hochwertiges Video mit Content über einen der angesagten Multiplayer online zu stellen. Dabei sollte das eigene Produkt sich erstmal im Hintergrund halten, denn die simple Einblendung des Markennamens nach einem spannenden Video weckt bereits das Interesse der Zielgruppe, ohne dabei an Authentizität zu verlieren.

Reviews: Influencer der Gaming-Szene haben meist eine loyale Fanbase, die sich ihre Meinung zu einem Produkt zu herzen nehmen. Gibt nun einer dieser Influencer eine gute Review zu einem Produkt ab, ist die Chance hoch, dass es ihm seine Follower gleichtun werden.

Marketing Installations: Eine weitere erfolgsversprechende Methode wäre die Präsenz der Marke im inneren des eSports-Bereichs. So catern z.B. Unternehmen wie MadCatz und Coca Cola auf Events, um so direkt von sich überzeugen zu können und den Konsumenten positiv in Erinnerung zu bleiben.

Neue Ideen: Auch wenn die klassischen Methoden bereits viel Erfolg beim Bewerben der Marke bringen, sticht man natürlich mit einer kreativen, neuen Idee viel mehr heraus. Ein gutes Beispiel wäre dabei eine Werbeaktion von Old Spice, in der ein interaktives Videospiel auf Twitch gehostet wurde (nach dem Prinzip von "Twitch Plays Pokemon"), welches 10 Stunden pro Tag á 3 Tage ging. Auch die Idee einer Partnerschaft mit Cinemark von Coke Zero war ein großer Erfolg. Dabei wurden Viewing-Partys für die "League of Legends Mid-Season Invitational" in Kinos USA-weit organisiert, was natürlich bei den Fans sehr gut ankam.

Auch Sponsorings von Teams setzen sich immer mehr durch

Neben der Chance einen Spieler anzuheuern, um ein Produkt zu bewerben und der Möglichkeit von Werbespots-Einblendungen setzen inzwischen viele renommierte Unternehmen auf ein Sponsoring, wie man es normalerweise nur aus der Fußball-Branche kennt. Viele der Teams tragen während der Auftritte ihr eigenes Trikot, auf dem verschiedene Werbepartner zu sehen sind. Zwar ist der Trikotverkauf in der eSport-Branche eher gering, dennoch kann sich ein solches Sponsoring auszahlen.

Sennheiser, Windows oder Acer setzen schon auf diese Möglichkeit um mehr Aufmerksamkeit zu erzeugen und Jugendliche Zocker an ihre Produkte zu bringen. Besonders Hardware ist im Bereich des eSports unverzichtbar und enorm wichtig. So wird von vielen Jugendlichen bewusst auf die Wahl der Tastatur, Maus oder des Headsets geachtet, um ihrem Idol so nahe wie möglich zu kommen und selbst dadurch ein wenig besser in einem Game zu werden.

Der Werdegang der eSport-Wetten

Die erste Wette auf den elektronischen Wettkampf bot vor einigen Jahren der Buchmacher „Pinnacle Sports" an. Zur damaligen Zeit war Starcraft das Kultgame überhaupt und hatte neben zahlreichen Spielern auch eine riesige Fanbase, die bereit war Geld in Wetten zu investieren. Aufgrund der enorm hohen Umsätze durch eSport-Wetten entschlossen sich mit der Zeit immer neue Wett-Portale die Möglichkeiten des virtuellen Wettkampfs in ihr Portfolio aufzunehmen.

Heute sind gleich mehrere bekannte eSport-Titel bei den Anbietern vorzufinden. Starcraft hat sich inzwischen zu einer Art „Rand-Sportart" entwickelt und zählt längst nicht mehr zu dem Wettangebot aller Buchmacher. League of Legends, Counter Strike: Global Offensive und Dota 2 beherrschen inzwischen das Wettangebot und bieten spannende Wetten, mit denen sich ein Nebenverdienst oder Einkommen erwirtschaften lässt. Auch Nachzügler wie Overwatch, Heroes of the Storm oder Hearthstone zählen inzwischen zu den meist-angebotenen Wetten und bieten neben hohen Quoten einiges an Spannung.

Inzwischen werden selbst für Smartphones und Tablets eSport-Games herausgebracht, die einen Wettkampf und verschiedene Turniere bieten. Eines dieser Games ist Vainglory, dass auf einen 3 gegen 3 Modus, eine kleinere Karte und an das Handy angepasste Grafik bietet. Besonders wer viel unterwegs ist und sich die Zeit vertreiben möchte, bekommt mit einem solchen Game die perfekte Möglichkeit sich mit anderen Spielern messen zu können.

Kapitel 6

Affiliate Marketing

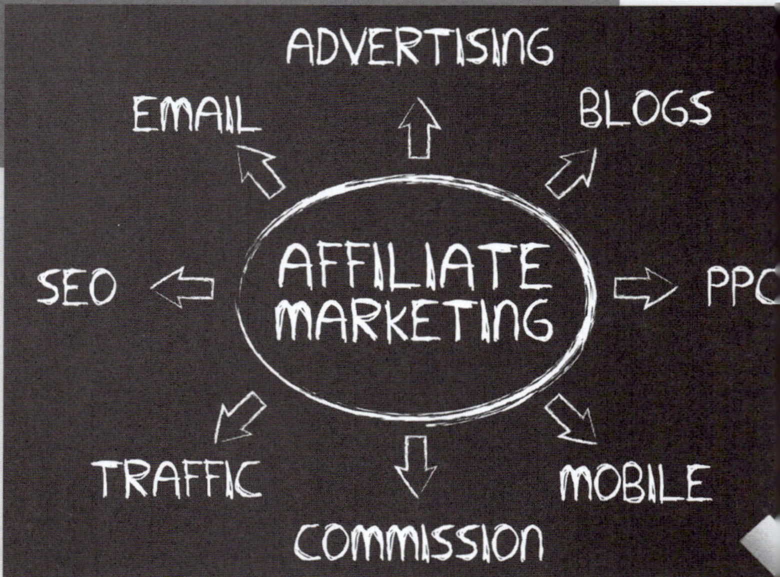

Wer im Internet Geld verdienen will, für den stehen als Blog- und Webseitenbetreiber viele Möglichkeiten zur Verfügung. Werbung ist dabei eine besonders gut geeignete Methode. Die Voraussetzung hierfür ist jedoch erst einmal, dass du für genug Traffic auf der eigenen Website sorgst. Wie viel Geld du mit Affiliate-Marketing einbringen kannst, ist abhängig von dem Besucherstrom auf deiner Seite. Je größer der Besucherstrom auf deiner Webseite ist, desto interessanter ist diese für potenzielle Werbekunden und desto mehr Ertrag ist für dich möglich.

Grundvoraussetzungen für ein erfolgreiches Affiliate-Marketing?

Viele glauben, sie bräuchten nur irgendeine Website zu gestalten und Werbung zu platzieren, um reich zu werden. Das funktioniert in den allermeisten Fällen nicht! Um erfolgreich Affiliate-Marketing zu betreiben, musst du dir zunächst grundsätzlich überlegen, in welchem Bereich du tätig sein willst. Vielleicht gibt es ja ein Thema, für das du dich brennend interessierst, oder zu dem du umfassende Kenntnisse besitzt. Zu einem solchen Thema kannst du eine Website oder einen Blog ins Leben rufen. Deine Online-Präsenz sollte so aufgebaut sein, dass sie dafür geeignet ist, die Blicke der Besucher zu fesseln. Das gelingt durch ein gutes Design, eine einfach zu verstehende Struktur und vor allem mithilfe von Inhalten, die dem Besucher einen Mehrwert bieten. Nichts wirkt auf einen Follower abschreckender, als eine langweilige Website ohne spannenden Inhalt. Halte deine Website oder deinen Blog immer aktuell, stelle regelmäßige Posts zum Thema ein, diskutiere mit deinen Followern und motiviere sie so, deine Seite immer wieder zu besuchen. So steigerst du nach und nach den Traffic auf deiner Seite, lockst mit spannenden Posts neue Leute auf deine Website und betreibst so im besten Sinne „Kundenbindung". Deine Follower sind es letztlich, die dir Einnahmen über das Affiliate-Marketing bescheren

In dem zweiten Schritt suchst du dir ein mit deinem Thema kompatiblen Affiliate-Partnerprogramm, das Produkte anbietet, die für deine Follower interessant sein könnten. Um dazu genauere Informationen zu bekommen, starte doch einfach eine kleine Umfrage unter deinen Besuchern, in der du ihre Wünsche abfragst. Nur wenn du ein Gespür dafür entwickelst, was sich deine Follower wünschen, wirst du ihre Bedürfnisse mit den entsprechenden Produkten befriedigen können.

Bleibe nach der Anmeldung bei einem entsprechenden Affiliate-Partnerprogramm (es können auch mehrere gleichzeitig sinnvoll sein) und dem Einbau der Werbemittel geduldig. Sorge für eine gute Erreichbarkeit deiner Website, mache in den sozialen Netzwerken Werbung für sie und der Traffic wird langsam aber sicher zunehmen. Lass dich von schlechten Traffic-Zahlen nicht entmutigen. Steigen die Besucherzahlen nicht wie gewünscht, überlege dir, woran es liegen könnte und optimiere deine Website entsprechend. Mittels Analyse-Tools kannst du die Entwicklung deiner Website sehr gut verfolgen und erhältst wertvolle Hinweise, warum du trotz Affiliate-Partnerprogramm eventuell keinen Erfolg hast.

Was ist Affiliate-Marketing?

Unter Affiliate-Marketing versteht man eine partnerschaftliche Zusammenarbeit zwischen einem werbetreibenden Unternehmen und einem Blog- oder Webseitenbetreiber. Hierbei stellt der Webseitenbetreiber (Affiliate) dem Unternehmen (Merchant) Werbemöglichkeiten auf der eigenen Webseite zur Verfügung.

Du als Affiliate bewirbst also auf deiner Website oder deinem Blog Produkte und Dienstleistungen von anderen Anbietern, z.B. in Form von Werbelinks, Bannern oder anderen Werbemitteln. Für das Vermitteln von Kunden an Online-Shops erhältst du im Gegenzug eine Provision, die nach einer vorher festgelegten Aktion (wie beispielsweise der Kaufabschluss, der Klick selbst, oder der Eintrag in einen Newsletter) gezahlt wird. Beim Affiliate-Marketing gibt es verschiedene Abrechnungsmodelle, auf die später noch einmal genauer eingegangen werden soll.

Damit dieses System funktioniert und dir Einnahmen in die Kasse spült, ist es wichtig, dass du auf deiner Website oder deinem Blog für die richtigen Produkte Werbung machst. Betreibst du beispielsweise einen Blog zum Thema Laufsport, wäre Werbung für Badminton kontraproduktiv. Dein oberstes Ziel beim Platzieren von Werbung muss es sein, deine Zielgruppe anzusprechen. Überlege dir also genau, welche Produkte deine Follower kaufen würden.

Wie kannst du mit Affiliate-Marketing Geld verdienen?

Mit Affiliate-Marketing kannst du dir eine gute Einnahmequelle neben deinem Business aufbauen. Wir wollen dir im Folgenden verschiedene Möglichkeiten vorstellen, wie du als Affiliate Geld verdienen kannst. Hast du dich entschieden, dein Einkommen durch Affiliate-Marketing zu steigern, besteht deine allererste Aufgabe darin, das für dich passende Affiliate-Partnerprogramm zu finden. Es gibt Partnerprogramme, die sich auf bestimmte Bereiche konzentrieren, und du findest Affiliate-Partnerprogramme, die eine große Bandbreite besitzen. Es gibt zum Beispiel spezielle Programme, die sich nur für Affiliates eignen, die in den Bereichen Reisen (Bucher, Olimar, Runer, Surfweb) oder Ernährung (AIQUM, Regalfrei, BodyBrands) unterwegs sind. Andere Partnerprogramme wie Amazon, Zanks oder Superclix hingegen sind bezüglich ihrer Produktpalette wesentlich umfassender aufgestellt.

Das PartnerNet-Programm von Amazon

Das PartnerNet-Programm von Amazon zählt mit hunderttausenden Affiliates zu den weltweit größten Partnerprogrammen. Mit dem Partnerprogramm von Amazon haben Affiliates die Möglichkeit, die dort angebotenen Artikel z.B. über Textlinks, Banner oder Ähnlichem zu bewerben und so eine Provision von bis zu 10% zu erhalten. Voraussetzung hierfür ist allerdings, dass du eine eigene Website betreibst.

Vorteile des Amazon Partnerprogramms:

1. Mit einer breit gefächerten Produktpalette von mehreren Millionen verschiedenen Produkten, bietet das Partnerprogramm für wohl jeden Affiliate zu seiner Website passende Produkte.

2. Aufgrund seiner Zuverlässigkeit und Pünktlichkeit genießt Amazon großes Vertrauen seiner Kunden, weshalb die Kaufschwelle für potenzielle Käufer entsprechend niedrig ist.

3. Wird ein Kunde vermittelt, so erhält der Affiliate auf den gesamten Warenkorb eine Provision und nicht nur auf das Produkt, das er beworben hat. Das gilt selbst dann, wenn der Kunde im Endeffekt das Produkt, das über einen Affiliate-Link beworben wurde, gar nicht kauft, sondern sich für andere Produkte entscheidet.

4. Amazon zahlt die Werbekostenerstattung zuverlässig und pünktlich. Du kannst dabei eine von drei verschiedenen Zahlungsarten (per Banküberweisung, per Scheck oder anhand eines Amazon Geschenkgutscheins) auswählen. Für die Auszahlung gelten Mindestguthaben. So brauchst du 25 Euro auf deinem Konto für eine Auszahlung per Überweisung oder Gutschein. Einen Scheck erhältst du ab 50 Euro Guthaben.

Nachteile des Partner-Programms:

1. Für manche Produktkategorien (Fernseher, Smartphones, Tablets oder PS4-Konsolen) gibt es eine extrem niedrige Provision von 1%.

2. Wenn der Kunde nach einer Sitzung (24 Stunden nachdem er über den Affiliate-Link auf ein Produkt von Amazon gelangt ist) ein Produkt auf Amazon erwirbt, erhält der Affiliate keine Provision mehr.

3. Als ein Nachteil der großen Bandbreite könnte sich erweisen, dass Amazon unter Umständen wenig Produkte bietet, die sehr speziellen Ansprüchen genügen. Bekanntlich zieht eine große Bandbreite eine nicht so große Spezialisierung nach sich. Wenn du also Affiliate-Marketing mit einem Nischenthema betreiben möchtest, gibt es vielleicht kleinere, aber besser passende Partnerprogramme.

Selbst wenn es nicht nur Positives über das Partnerprogramm von Amazon zu berichten gibt, so steht trotzdem fest, dass die Vorteile des Programms überwiegen und es eine gute Möglichkeit für dich als Website-Betreiber darstellt, im Internet noch etwas Geld nebenbei zu verdienen. Dabei musst du nur einmal Arbeits- und Zeitaufwand beim Einbau der Werbemittel aufwenden. Sind die Werbemittel ausgewählt und platziert, sorgt der Traffic auf deiner Online-Präsenz für Einnahmen. So erzielst du ein passives Einkommen, für welches du nicht mehr viel tun musst.

Wie kannst du am Amazon PartnerNet teilnehmen?

Um am PartnerNet-Programm von Amazon teilzunehmen und damit Geld zu verdienen, bedarf es lediglich einer kostenlosen Anmeldung bzw. einem Antrag auf Teilnahme am Programm von dir. Dieser Antrag wird von Amazon anschließend geprüft, was einige Tage in Anspruch nehmen kann. Nach der Prüfung wird dir mitgeteilt, ob Amazon den Antrag genehmigt hat oder ob er abgelehnt wurde.

Der Antrag kann beispielsweise abgelehnt werden, wenn die Teilnahmebedingungen von Amazon nicht erfüllt werden. Das ist beispielsweise der Fall, wenn Amazon feststellt, dass deine Website für das Partner-Programm nicht geeignet ist. Als ungeeignet werden Webseiten eingestuft, die beispielsweise für Produkte mit sexuellen, gewaltbezogenen Inhalten oder für die Durchführung von illegalen Aktivitäten werben.

Wenn du bereits ein Amazon-Konto hast, kannst du dich ganz einfach mit deinen Zugangsdaten einloggen. Ansonsten musst du erst noch ein Konto anlegen, was aber eine Sache von nur wenigen Minuten ist. Hier geht es zur Anmeldung.

Für den Anmeldevorgang werden deine Konto-Daten sowie Informationen zu deiner Website benötigt, z.B. über Themenschwerpunkte und das Besucherverhalten.

Wichtig ist, die gewünschte Zahlungsmethode frühzeitig festzulegen. Dafür klickst du einfach auf den Button „Zahlungsmethode jetzt festlegen".

Nachdem du den Teilnahmebedingungen zugestimmt hast, heißt es dann erst einmal abwarten und ein bisschen Geduld haben. Du kannst dich aber auch schon mal im PartnerNet-Konto anmelden. Nur Links oder Werbemittel solltest du erst in deine Website einbauen, wenn du die Teilnahmebestätigung von Amazon erhalten hast.

Wie funktioniert Affiliate-Marketing bei Amazon?

Für die Produkteinbindung auf deiner Seite kannst du dich unter anderem zwischen

- Text-Links
- Banner-Links
- Site-Stripes

- Widgets („Schnäppchen-Widget oder Such-Widget)

entscheiden, die dir von Amazon zur Verfügung gestellt werden und alle nötigen Produktinformationen enthalten. Achte bei der Auswahl der Werbemittel darauf, dass sie nicht zu überdimensioniert sind. Zudem ist für den Erfolg ausschlaggebend, dass du sie auf deiner Website an möglichst prominenter Stelle einbaust. Um zu prüfen, wohin Besucher auf deiner Website am häufigsten ihren Blick richten, kannst du spezielle Tools nutzen. Sie verfolgen die einzelnen Blickrichtungen der Besucher und markieren die am häufigsten fixierten Stellen farblich. So erhältst du einen guten Hinweis, wo eine Werbeanzeige am meisten Wirkung erzielen könnte.

Mit den dir zur Verfügung gestellten Tools kannst du mit nur wenigen Klicks einen Link von deiner Website zu Amazon erstellen. Dafür gehst du im Amazon.de-Shop auf die gewünschte Produktseite und klickst auf den Button „Link erstellen". Du wählst den für dich passenden Link (z.B. Text-Link oder Banner-Link) aus. Amazon generiert daraufhin einen HTML-Code, den du kopieren und ganz einfach in deine Website integrieren kannst.

Bei der Anmeldung wird automatisch eine Tracking-ID angelegt, die in den Affiliate-Links zu Amazon enthalten ist. Dadurch ist es möglich, einen Käufer einem bestimmten Affiliate zuzuordnen. Gelangt nun ein Kunde über deinen Affiliate-Link zu einem Produkt auf Amazon und kauft innerhalb von 24 Stunden etwas, erhältst du eine Provision für den gesamten Warenkorb. Die Provisionen können je nach Produktkategorie deutlich voneinander abweichen. Für Videospiel- und Software-Downloads, Kleidung, Schmuck, Gepäck, Schuhe, Uhren und Möbel wird mit 10% die höchste Provision gezahlt.

Wie viel Geld kannst du mit dem Amazon PartnerNet verdienen?

Das hängt vor allem von den folgenden drei Faktoren ab:

1. Deiner Nische

Unter einer Nische versteht man ganz allgemein ein Thema, ein Produkt oder eine Dienstleistung, die im Internet zwar häufig gesucht werden, für die aber nur sehr wenige oder gar keine Suchergebnisse existieren. Zunächst ist es deshalb wichtig, dass du eine gute Nische entdeckt hast, zu deren Themengebiet sich Amazon-Produkte vorstellen lassen, die auch online gekauft werden und lukrativ sind.

2. Deinem Traffic

Mit Traffic sind die Besucher auf deiner Website gemeint. Die Erfahrungen zeigen, dass deine Umsätze in dem Maße steigen, in dem mehr Besucher auf deine Website schauen. Je mehr Traffic (Besucher) du also auf deiner Website hast, desto mehr Geld kannst du auch mit Affiliate-Marketing verdienen.

3. Dem Vertrauen

Wenn du ein gutes Nischenthema für dich entdeckt hast, ist es wichtig, dass deine Webseite nicht unseriös wirkt. Andernfalls werden dir die Leute einfach nicht vertrauen. Achte deshalb auf ein ansprechendes Design - auch bei der Einbindung der Amazon-Affiliate-Links - und gute Inhalte deiner Website. Mit einer gut besuchten Seite, der die Menschen vertrauen, ist es durchaus möglich, einige hundert bis tausend Euro im Monat mit dem Partnerprogramm von Amazon zu verdienen.

Affiliate-Marketing über Affiliate-Netzwerke

Bei Affiliate Netzwerken handelt es sich um Plattformen, auf denen sich Affiliates (Publisher) und Merchants (Händler) anmelden können und so zueinander finden. Affiliate-Netzwerke fungieren somit als Vermittler zwischen den beiden Parteien und wickeln alle Zahlungsangelegenheiten ab. Als beliebte Affiliate-Netzwerke können „Belboon“ und „Affilinet“ genannt werden.

Das Affiliate-Netzwerk stellt den Affiliates Werbemittel zur Verfügung, die sie in ihre Website einbinden und anhand welcher sie Produkte und Dienstleistungen für andere Anbieter bewerben können. Klickt ein User auf einen Affiliate-Link, wird er auf die Website eines Online-Shops weitergeleitet. Für welche Aktion des Kunden der Affiliate eine entsprechende Provision vom Merchant erhält, hängt von dem vorher festgelegten Vergütungsmodell ab. Es gibt viele verschiedene Vergütungsmodelle im Affilliate Marketing.

Die häufigsten Vergütungsmodelle im Affiliate Marketing

PPS: Pay per Sale (auch CPS: Cost per Sale): Bei dieser Vergütungsform erhält der Affiliate erst eine Provision, wenn ein Kunde über seinen Affiliate-Link auch tatsächlich ein Produkt gekauft hat.

PPL: Pay per Lead (auch CPL: Cost per Lead): Bei dieser Abrechnungsmethode entstehen für den Advertiser nur dann Kosten, wenn eine vorher festgelegte Handlung erfolgreich durchgeführt wurde. Bei dieser Handlung kann es sich beispielsweise um eine Registrierung für den Newsletter, die Bestellung eines Katalogs oder das Ausfüllen eines Formulars handeln. Anders als bei der PPS-Vergütung ist es bei diesem Abrechnungsmodell nicht erforderlich, dass ein Verkauf stattfindet.

PPC: Pay per Click (auch CPC: Cost per Click) Beim PPC-Abrechnungsmodell erhält der Affiliate bereits eine Vergütung, sobald auch nur ein Interessent auf seinen Affiliate-Link bzw. auf seine Werbeanzeige klickt. Diese Form der Vergütung wird oft als Tausend-Kontakt-Preis berechnet.

Nicht ganz so häufig genutzte Vergütungsarten sind beispielsweise die Lifetime-Vergütung, bei der du nach der Vermittlung eines Kunden eine dauerhafte Vergütung bekommst, solange der Kunde aktiv ist. Eine andere Form stellen die Modelle „First Cookie Wins“ oder „Last Cookie Wins“ dar. Bei diesen Vergütungsvarianten spielen die gesetzten Cookies auf der Seite des Kunden eine Rolle. Bei Downloads wird vor allem gerne die Vergütungsform Pay per Install verwendet. Hier erhältst du eine Provision, sobald der Kunde eine erworbene Software auf seinen PC lädt. Für Affiliates ist die Teilnahme an Affiliate Netzwerken kostenlos und bietet hervorragende Möglichkeiten im Internet Geld zu verdienen.

Inhouse-Partnerprogramme im Affiliate-Marketing

Außer Affiliate-Netzwerken gibt es noch eine weitere Möglichkeit Affiliate-Marketing zu betreiben, und zwar mit sogenannten Inhouse-Partnerprogrammen. Beim Inhouse-Partnerprogramm setzt der Merchant, bzw. die Firma, die das Partnerprogramm betreiben will, dieses selbst um. Die Anmeldung zum Partnerprogramm und der Support finden dann auf der Webseite der Firma statt oder es wird eine Affiliate-Marketing-Agentur wie unsere Partner von BRANDABILITY damit beauftragt.

Der Unterschied zwischen Affiliate-Netzwerken und Inhouse-Partnerprogrammen besteht darin, dass du dich als Publisher bei Affiliate-Netzwerken nur einmal anmelden musst. Dann hast du Zugriff auf zahlreiche Partnerprogramme aus unterschiedlichen Bereichen. Der Vorteil für dich dabei ist, dass auch alle Abrechnungen über alle beworbenen Partnerprogramme über ein Konto laufen. So hast du deine Einnahmen immer auf einem Blick parat.

Wie funktioniert Affiliate Marketing bei Inhouse-Partnerprogrammen?

Bei den Inhouse-Partnerprogrammen musst du dich immer separat anmelden, jedes Mal deine Zahlungsdaten angeben und du hast unterschiedliche Ansprechpartner. Des Weiteren kann es für dich zu Anfang schwierig sein, die Mindestauszahlungsgrenze zu erreichen, da du für jedes Inhouse-Partnerprogramm unterschiedliche Abrechnungen bekommst.

Inhouse-Partnerprogramme haben allerdings auch einige Vorteile. Durch den engen Kontakt zum Merchant bekommen Publisher häufig individuelle Werbemittel zur Verfügung gestellt. Darüber hinaus sind die Provisionen häufig deutlich höher als bei Affiliate-Netzwerken.

Bist du Einsteiger, dann eignen sich für dich Affiliate-Netzwerke besser, um dir im Affiliate-Marketing ein Standbein aufzubauen. Hast du ein gutes Gefühl für die Bedürfnisse der Kunden aufgebaut und mehr Traffic erlangt, sind Inhouse-Programme aber in den meisten Fällen lukrativer.

Beliebte Inhouse-Partnerprogramme

Als beliebte Inhouse-Partnerprogramme können auxmoney und Tarifcheck24 genannt werden. Wenn du einen eigenen Blog oder eine Website hast, dann kannst du dich sofort beim auxmoney-Partnerprogramm registrieren und damit Geld verdienen um dir ein festes Nebeneinkommen zu sichern. Dazu musst du einfach conversionoptimierte Textlinks oder Werbebanner des Partnerprogramms in deine Website einbinden.

Aber auch für Affiliates, die noch keine eigene Website oder Blog haben, bietet auxmoney eine Möglichkeit zum Geld verdienen an. So kannst du auxmoney auch in sozialen Netzwerken wie Facebook, Google+ oder Twitter empfehlen. Um auf sozialen Netzwerken für auxmoney Werbung zu machen, kannst du entweder deinen persönlichen Affiliate Link posten oder sogar ganze Banner, die du nach einem erfolgreichen Login unter Werbemittel „Banner, Grafiken & Links" findest, posten. Mit dem auxmoney-Partnerprogramm verdienen die teilnehmenden 8.500 Affiliates im Durchschnitt 285 Euro im Monat.

Das Tarifcheck-Partnerprogramm kann mit extrem hohen Provisionen, individueller Beratung und innovativ designten Werbemitteln punkten. Das Thema des Partnerprogramms sind vor allem Versicherungen und Finanzen. Tarficheck24 stellt dir frei, ob du seine Seite über deine Webseite, über Social Media oder über E-Mail-Marketing bewerben möchtest. Die nötigen Werbemittel stellt dir Tarifcheck kostenlos zur Verfügung.

25 Euro für einen Lead und 50 Euro und mehr für einen Sale sind hier keine Seltenheit. Um dir einen besseren Überblick über die Vergütungen zu ermöglichen, findest du hier eine Auflistung über mögliche Vergütungen und Provisionen:

- Krankenversicherung (Lead): 5,00 – 100,00 Euro
- Vorsorge-Versicherungen (Lead/Sale): 5,00 – 50,00 Euro
- Kfz-Versicherung (Sale): 10,00 – 50,00 Euro

- Sachversicherungen (Lead/Sale): 5,00 – 75,00 Euro
- Kredit (Sale): 1,75 % pro Sale/Abschlusssumme

Die Mindestauszahlungsgrenze beträgt für dich nur 10 Euro und wird wöchentlich auf dein Konto als Affiliate überwiesen. Diese Provisionen sind zwar durch ihre Höhe extrem verlockend, können dir aber nur dann wirklich zu einem langfristigen Einkommen verhelfen, wenn du dich für die damit verbundenen, sehr speziellen Themenbereiche interessierst und eine entsprechende Website betreibst. Prinzipiell kannst du auch mit Affiliate-Partnerprogrammen gute Einnahmen erzielen, die nicht so hohe Provisionen ausschütten.

Unser Fazit zum Thema Affiliate-Marketing

Zunächst ist es wichtig zu wissen, dass du mit Affiliate-Marketing in der Regel nicht über Nacht zum Millionär wirst. Um mit dieser Form von Tätigkeit langfristig erfolgreich sein zu können, brauchst du vor allem viel Geduld. Erst, wenn du mit deiner Website oder deinem Blog einen gewissen Bekanntheitsgrad erreicht hast und viele Besucher auf deiner Seite verzeichnest, besteht die Chance, Einnahmen zu generieren. Wenn du viel Traffic auf deiner Seite hast, solltest du dir die Möglichkeit nicht entgehen lassen und mit Affiliate-Marketing noch nebenbei Geld verdienen. Melde dich dafür kostenlos bei einem der vorgeschlagenen Programme an. Bei der Auswahl eines Partnerprogramms musst du aber natürlich sicherstellen, dass das Thema des jeweiligen Programms für dich relevant ist und deiner Zielgruppe auch einen Mehrwert bietet. Ist das nicht der Fall, solltest du dich auch nicht bei diesem anmelden, da die Werbung dann nicht targetiert ist und deine Kun-

den verärgern könnte.

Wir hoffen, dass wir dir ein paar nützliche Anlaufstellen liefern konnten, damit du als Publisher tätig werden und etwas nebenher verdienen kannst. Bist du bereits bei einem der vorgeschlagenen Affiliate-Netzwerke angemeldet und kannst über deine Erfahrungen berichten? Kennst du andere lukrative Affiliate-Netzwerke, die du gerne hinzufügen möchtest? Wir freuen uns wie immer über Kommentare und Feedback.

Kapitel 7

Amazon Affiliate Business

Hohes Nebeneinkommen mit Produktten, auch ohne eigenes Lager

Du möchtest mit möglichst wenig Aufwand ein Business starten und dir so ein gutes Nebeneinkommen sichern? Dann ist ein Amazon Affiliate Business die richtige Lösung für dich. Die weltweit größte Online-Handelsplattform bietet dir ein ausgereiftes Partnerprogramm, bei dem du dein Geld einfach durch Werbeanzeigen verdienen kannst. Eine andere Form von Amazon Affiliate Business ist, dass du die bei Amazon bereits vorhandene Lagerlogistik nutzt und dir eine eigene Lagerhaltung ersparst.

Geld verdienen mit Werbeanzeigen – das klassische Amazon Affiliate Business

Falls du eine gut besuchte Website oder einen stark frequentierten Blog betreibst, kannst du mithilfe des Amazon Affiliate Business auf einfache Weise ein gutes Nebeneinkommen generieren. Dazu brauchst du nur die folgenden Schritte zu beachten:

- Die Anmeldung beim Amazon-Affiliate-Programm (über amazon.de),
- Einbau von Werbemitteln (meist Werbebannern) auf deinen Internetpräsenzen,
- Aufbau eines lukrativen Einkommens durch Provisionszahlungen von Amazon.

Im Grunde funktioniert es ganz einfach: Nachdem du auf deinen Seiten Werbung platziert hast, musst du lediglich warten, bis jemand deine Website besucht, die Werbung entdeckt, diese anklickt, zum beworbenen Produkt geleitet wird und dieses bei Amazon bestellt. Aufgrund deiner persönlichen Tracking-ID erkennt Amazon, dass der Käufer über dich geworben wurde und du bekommst eine von Amazon festgelegte Provision (diese variiert zwischen 1 und 10 Prozent vom Kaufpreis).

Der große Vorteil dieser Methode ist, dass du keine eigenen Produkte benötigst und damit auch kein Lager auf die Beine stellen musst. Du brauchst dir für deine Website oder deinen Blog lediglich die passenden Produkte bei Amazon raus zu suchen. Diese bewirbst du dann mithilfe der bereitgestellten Werbemittel. Dabei achte darauf, dass beides thematisch zusammenpasst. Betreibst du beispielsweise einen Blog über Modelleisenbahnen, sind Werbeanzeigen für Staubsauger natürlich kontraproduktiv.

Hier passen zum Beispiel Werbemittel für Märklin-Eisenbahnen oder für Modellbau-Zubehör wesentlich besser.

Erfolgreich als Affiliate: Schritt für Schritt zum Erfolg mit deiner Nischenwebsite

Als Affiliate durchzustarten bringt dir einige Vorteile. Du kannst nebenbei und ohne großen Aufwand in die Thematik einsteigen, ein gutes Einkommen erzielen und vielleicht sogar von deinem Affiliatebusiness leben. Wesentlich für deinen Erfolg ist dabei das Ranking deiner Nischenseite, damit du bei den Suchbegriffen, für die du ranken willst, auch gefunden wirst. Da Google die Ansprüche an Webseiten immer wieder modifiziert, musst du beim SEM auf dem Laufenden bleiben. Natürlich eignen sich bereits vorhandene Webseiten sehr gut für die Monetarisierung, wenn du jedoch auf eine neue Idee stößt, lohnt es sich unter Umständen auch, eine neue Seite zu erstellen. Allerdings spielt das Alter einer Domain für Google durchaus eine Rolle.

So findest du die passenden Ideen für dein Amazon Affiliate Business

Der günstigste Weg, um deine Nischenseite mit Inhalt zu füllen, ist selbst zu schreiben. Es liegt auf der Hand, dass sich hierfür Themen am besten eignen, mit denen du ohnehin vertraut bist. Natürlich kannst du auch einen externen Texter beauftragen, doch das ist nicht nur kostenintensiver, sondern du kannst auch nie wirklich überprüfen, ob alle Informationen korrekt sind, die in deinen Texten vorkommen. Sich in neue Themen erst einzuarbeiten, ist recht aufwendig, denn eine Nischenseite sollte sich sehr detailliert mit dem beschriebenen Thema beschäftigen, um bei Google gut ranken zu können. Um welches Thema könnte sich deine Seite also drehen?

Die passende Idee für deine Nische

Deine Webseite sollte sich um ein Thema drehen, zu dem Nutzer online Suchanfragen stellen. Ebenso muss es Produkte geben, die du verlinken kannst. Besonders positiv ist es zu bewerten, wenn die Seite sich um ein Problem dreht, zu dem du eine oder mehrere mögliche Lösungen präsentieren kannst. Das Problem sollte nicht zeitlich begrenzt auftauchen. Dreht sich deine Seite etwa um das Thema „Ostergeschenke", wirst du nur in einem sehr begrenzten Zeitfenster Umsätze generieren können.

Da durchschnittlich nur rund ein Prozent deiner Besucher über deine Links einen Kauf tätigen werden, brauchst du entsprechend viel Traffic, damit dein Business sich lohnt. Andererseits darfst du nicht zu viel Konkurrenz haben, um mit einem Suchwort überhaupt ranken zu können. Am besten verwendest du eine Keywordtool, um die SEO-Tragfähigkeit einer Idee beurteilen zu können. Ich gebe dir ein Beispiel:

Es werden zum Keyword **Rasenmäher** in Deutschland 87.000 Suchanfragen gestellt, **Akku Rasenmäher** wird 42.000 mal gesucht, **Rasenmäher Test** hingegen 16.000 mal und nach **Rasenmäher Roboter** suchen jeden Monat 22.000 Personen.

Wenn du also deinen Rasen gut und gerne pflegst und demzufolge zu diesem Thema viel zu sagen hast, wäre es sinnvoll, deine Seite rund um das Thema „Rasenmäher Test" oder auch „Rasenmäher Roboter" zu bauen. Natürlich musst du vorher nachsehen, wie die Konkurrenz zu diesen Begriffen aufgestellt ist. Sind auf den vorderen Plätzen zahlreiche große Seiten mit einem starken Background (in diesem Fall Baumärkte), wird es schwer, denn du willst im besten Fall auf der ersten Seite der SERPs landen. Gut ist zudem, wenn es nicht schon eine gut rankende Affiliate-Seite zu deinem Thema gibt. Diese erkennst du an den entsprechenden Links bzw. am Hinweis auf das Amazon Affiliate Programm, etwa im Impressum.

Neben dem Affiliate-Programm kannst du deine Seite später auch über Direktmarketing monetarisieren, indem du Werbeplätze an

Firmen vermietest, die im entsprechenden Sektor aktiv sind.

Deine Webseite aufbauen

Wenn du dich für ein Thema entschieden hast und noch keine Webseite hast die passt, dann wird es Zeit, eine aufzubauen - sie ist die Grundlage deines späteren Erfolges. Mit einem Content Management System (CMS) wie Wordpress gelingt es auch einem Anfänger leicht, eine attraktive und funktionale Seite zu erstellen. Du brauchst Hosting für deine Seite und eine Domain.

Dein Hoster liefert dir den Speicherplatz für deine Seite und bietet dir häufig auch an, Software wie Wordpress mit einem Klick zu installieren. Er fungiert also als Vermittler für deine Domain. Hast du noch keinen Seitennamen? Dann helfen dir die folgenden Tipps bestimmt auf die Sprünge:

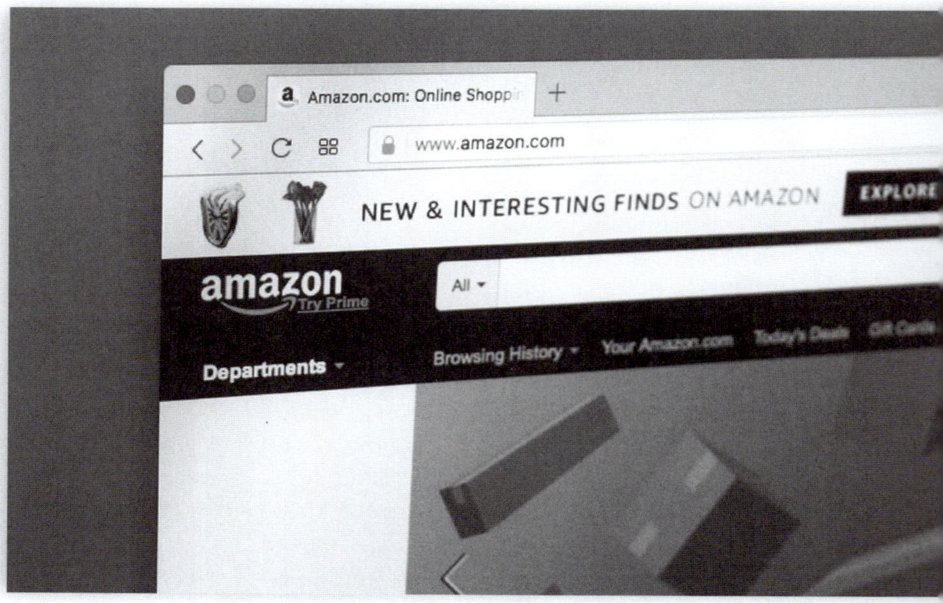

– Am sinnvollsten für eine Seite, die sich an deutsche Kunden wendet, ist eine .de Endung. Zur Not geht auch eine .com Domain, doch von allen anderen, noch so originellen Endungen solltest du lieber die Finger lassen.

– Das Thema deiner Seite oder das Keyword sollte im Seitennamen enthalten sein. Wenn die Domain schon besetzt ist, dann vermeide es lieber, einen Bindestrich anzuhängen und dein Schlüsselwort mit -24 oder -shop oder -billig zu ergänzen. Werde lieber kreativ.

Die Optik deiner Seite

Wenn du dich für Wordpress entschieden hast, wirst du mit wenigen Klicks eine gut aussehende und vertrauenerweckende Seite aufbauen können. Achte bei der Wahl deines Themes auf folgende Details:

- Die Seite sollte gut lesbar sein – weiße Schrift auf dunklem Grund geht nicht.

- Vermeide grelle Farben und Muster. Das Design sollte möglichst vielen Nutzern gefallen.

- Wähle ein Farbschema, dass zu deinem Thema passt. Lieber keine Experimente!

- Bilder sind wichtig, um Emotionen zu erzeugen. Stockphotos bekommst du auf Seiten wie **pixabay.com** kostenlos.

Bedenke: Du willst mit deiner Webseite keinen Designwettbewerb gewinnen, sondern schnell Umsatz generieren. Dennoch muss sie Vertrauen suggerieren.

Die Inhalte deiner Affiliate Nischenseite

Bevor du mit der Seite an den Start gehst, brauchst du erst ein paar Artikel zu deinem Thema, um bei Google überhaupt ranken zu können. Fülle sie also fleißig mit Inhalten verschiedener Art, um deinen Besuchern einen echten Mehrwert bieten zu können. Vorschläge für Artikel können sein:

- häufige Fragen zu einem Thema
- Vergleiche zwischen verschiedenen Produkten, eventuell in einer Tabelle für einen einfachen Überblick
- Vorstellung der Bestseller einer bestimmten Kategorie
- News rund um dein Thema
- persönliche Erfahrungen und Beispiele
- Expertenstimmen

Versuche immer, möglichst authentisch zu schreiben und stelle am besten nur Produkte vor, zu denen du auch stehen kannst. Vermeide es, ausschließlich Loblieder zu singen und schaffe Vertrauen, indem du auch die Nachteile bestimmter Produkte nicht verschweigst.

So werden deine Inhalte bei Google gefunden

Natürlich kannst du nur dann Umsätze generieren, wenn deine Artikel perfekt auf die Suchanfragen deiner potenziellen Kunden abgestimmt sind und zudem auch möglichst weit oben in der Suche erscheinen.

Google ändert seinen **Suchalgorithmus** ständig, damit er nicht manipuliert werden kann. Das oberste Ziel der Suchmaschine ist es, jedem Nutzer ein möglichst relevantes Ergebnis zu seiner Suche anzeigen zu können. Je umfassender ein Artikel ist, also je mehr er in die Tiefe und Breite geht und ebenfalls mit Verweisen zu thematisch relevanten und vertrauenswürdigen Seiten versehen wurde, umso höher schätzt Google seine Relevanz ein. Dieser Eindruck wird durch Verweise (Backlinks), die auf die Seite führen, noch verstärkt (dieser Bereich lässt sich jedoch durch Linkkauf oder -tausch nicht mehr manipulieren, wie es einige Jahre gang und gäbe war).

Auch die Leserlichkeit deiner Artikel spielt eine große Rolle. Verwende eine logische Gliederung, setze die wichtigsten Themen an den Anfang (bei Onlinetexten solltest du auf einen Spannungsbogen verzichten) und spare nicht mit Zwischenüberschriften. Setze das Keyword und seine verwandten Schlüsselwörter an mehreren Stellen ein. Optimiere jeden deiner Texte nur auf ein Keyword.

Übrigens: Wenn du deine Seite startest, dann beginne mit einigen Artikeln ohne Produktverweise. So erzeugst du bei deinen Besuchern und bei Google zunächst einmal Vertrauen.

Durch Suchmaschinenoptimierung und eventuell Präsenzen in den sozialen Netzwerken kannst du deine Seite bekannt machen und schließlich die gewünschten Umsätze generieren.

Fazit: Amazon Affiliate Business – ein guter Weg zu einem lukrativen Nebeneinkommen

Mit jedem der hier aufgezeigten Wege sicherst du dir ein nennenswertes Nebeneinkommen mithilfe von Amazon. Allerdings musst du in beiden Fällen Zeit investieren, um erfolgreich zu sein. Denn von alleine baut sich ein Business und ein lukratives Nebeneinkommen nicht auf. Zudem ist Geduld wichtig, denn über Nacht ist kaum jemand zum Millionär oder erfolgreichen Geschäftsmann geworden.

Beim klassischen Amazon Affiliate Business ist es notwendig, dass du auf deinen vorhandenen Internetpräsenzen für ausreichend Traffic sorgst. Je mehr User deine Seiten besuchen, umso größer ist die Chance, dass die Werbung angeklickt und in der Folge etwas gekauft wird. Eine wichtige Regel lautet hier, dass etwa ein Prozent aller Besucher Ware bestellen.

Die folgende – natürlich rein theoretische – Rechnung zeigt mögliche Einnahmeszenarien: Hast du pro Tag 1.000 Besucher, dann werden durchschnittlich etwa zehn Personen ein von dir beworbenes Produkt zum Preis von zehn Euro kaufen. Bei einer Provision von vier Prozent wären das Einnahmen von vier Euro täglich und 1460 Euro im Jahr. Hast du aber 20.000 Besucher am Tag, dann verdienst du im Jahr mit 292.000 Euro bereits einen stattlichen Betrag.

Aus diesem Grund ist nicht nur die Sorge um guten Traffic eine große Verantwortung, sondern auch die Suche nach passenden Produkten. Auch hier bist du gefordert, die Produkte auf deiner Seite zu bewerben, von denen du glaubst, dass deine Besucher sie mögen und suchen werden.

Amazon FBA – So übernimmt Amazon deine Logistik

Produkte ohne Lagerhaltung und Versand verkaufen: So generierst du ohne Lager mit Fulfillment By Amazon ein lukratives Nebeneinkommen

Wenn du einen Onlineshop mit physischen Produkten betreibst und noch nicht Amazon FBA (Fullfilment by Amazon) für dich entdeckt hast, dann musstest du dir bisher auch Gedanken zu den Themen Lagerung und Versand machen. Denn jedes physische, also reale Produkt benötigt Platz und muss von dir an den Kunden verschickt werden. Dadurch entstehen Kosten, denn du benötigst einen ausreichend großen Lagerraum sowie Verpackungsmaterial, Zeit zum Verpacken der Ware, den Weg zur Post und natürlich Geld für den Versand. Zugegeben, die Versandkosten kannst du über den Verkauf wieder einspielen, aber zunächst fallen auch für dich Kosten an. Durch Amazon FBA könnten für dich Lagerhaltung und Versand wegfallen. Darum wird die

FBA-Methode bei Unternehmern immer beliebter. Fullfillment By Amazon bedeutet, dass du zwar eigene Produkte verkaufst, aber nicht im eigenen Laden oder deinem Onlineshop, sondern über Amazon. Dabei hast du zwei Möglichkeiten:

- du versendest die Ware aus deinem eigenen Lager selbst;
- du gibst deine Ware an das Amazon-Lager weiter, dieses übernimmt für dich den Versand.

Was ist Amazon FBA?

Im Grunde ist es ein ganz einfaches System, das vom Onlinemarktplatz Amazon angeboten wird. Amazon, immerhin der größte Onlinehändler weltweit, übernimmt für dich als Händler die Lagerung **deiner Produkte**, sorgt für eine adäquate Verpackung und versendet die Ware an den Kunden, egal wohin. Wenn du dir Geld und Arbeit ersparen möchtest kannst du also die Auftragsabwicklung durch Amazon nutzen.

Außerdem kümmert sich Amazon noch um den Kundenservice und eventuelle Rücksendungen. All dies geschieht in den Logistikzentren von Amazon.

Hast du dich erst als Händler bei Amazon angemeldet, kannst du mit einem Klick auf „Versand durch Amazon" diesen speziellen Service auswählen und deine Waren an die verschiedenen Amazon-Logistikzentren schicken. Dort werden sie gelagert und nach einer Bestellung von dort aus zum Kunden geschickt. Aber Amazon tut noch mehr: Das Unternehmen stellt dir seinen Versanddienst zur Verfügung und übernimmt auch Retouren. Du selbst kommst also nach der Versendung der von dir vertriebenen Produkte an Amazon mit diesen überhaupt nicht mehr in Kontakt, weil der Onlineriese sämtliche Abläufe in der Hand hat.

Für dich bedeutet das eine enorme Arbeitserleichterung, weil du so mit dem gesamten Bestellprozess nichts mehr zu tun hast. Deine Aufgabe besteht mit Amazon FBA nur noch darin, dem

Kunden die Rechnung für seinen Einkauf zu senden. Hierin liegt zugleich der größte Vorteil, aber auch der größte Nachteil, denn außer dem Ausstellen von Rechnungen ist dir alles aus den Händen genommen.

Der Service von Amazon FBA steht dir im europäischen Raum zur Verfügung und du kannst alle Logistikzentren nutzen, um deine Produkte möglichst nah bei deinen Kunden einzulagern. Die Versendung der Ware organisiert Amazon über sein Versandnetzwerk.

Wie funktioniert Amazon FBA?

Damit du dich als Händler an Amazon FBA beteiligen kannst, benötigst du zunächst einen sogenannten Seller-Account, also ein Händlerprofil, bei Amazon. Über dieses Konto werden dann alle weiteren Schritte abgewickelt. Mit der Anmeldung für Amazon FBA erhältst du einen höheren Händlerstatus, deine Produkte werden prominenter platziert und du bekommst Zugang zum kostenlosen Prime-Standardversand.

Zu Beginn musst du deine Produkte über einen selbst gewählten Spediteur oder aber mithilfe eines von Amazon organisierten Transports an verschiedene Logistikzentren in Deutschland, Frankreich, Großbritannien, Spanien und Italien oder sogar weltweit senden und dort einlagern lassen. Auf diese Weise ist das bestellte Produkt sehr schnell beim Käufer. Die Lagerhaltung bei Amazon ist natürlich kostenpflichtig und abhängig von der Art, Größe, sowie dem Gewicht des Produktes. Es gibt keinerlei Mindestmenge, du kannst also so viele Produkte einlagern lassen, wie du möchtest.

Sämtliche Bestellungen, die Kunden über Amazon tätigen, werden vom Unternehmen umfassend bearbeitet. Neben Bestellungen, die direkt über Amazon getätigt werden, kannst du auch Bestellungen von Amazon verschicken lassen, die beispielsweise auf deiner eigenen Website eingegangen sind. Das große Amazon-Versandnetzwerk macht dies möglich. Zum Service von

Amazon FBA gehören auch Informationen zur Sendungsverfolgung, die dem Käufer zur Verfügung gestellt werden, sowie ein 24/7-Kundenservice in der jeweiligen Landessprache des Kunden. Deine Lagerbestände kannst du über deinen Seller Account von überall verwalten und aktualisieren. Dadurch hast du jederzeit die volle Kontrolle über dein Business, kannst bei Bedarf weitere Produkte an Amazon liefern und dein Profil eigenständig verwalten. Dazu stellt Amazon dir Tools für Umsatzanalysen oder Vorschläge zur Preisoptimierung zur Verfügung. Du kannst sogar personalisierte Geschäftsempfehlungen erstellen.

Welche Vorteile bietet Amazon FBA?

Der absolute Vorteil für dich als Händler bei der Nutzung von Amazon FBA liegt in der Größe des Unternehmens und im weltweiten Netzwerk, über das Amazon inzwischen verfügt. Als Teilnehmer erreichst du wesentlich mehr potenzielle Käufer. Kunden klicken erwiesenermaßen eher auf Produkte mit dem Prime-Logo von Amazon. Auch in den großen Suchmaschinen werden so gekennzeichnete Produkte oft besser platziert und die Kundenzufriedenheit verbessert sich durch den guten Service von Amazon.

Ein weiterer Vorteil ist natürlich, dass für dich die Lagerhaltung wegfällt und du dich nicht um Retouren zu kümmern brauchst. Auch wenn die Lagerung bei Amazon etwas kostet, ist dies immer noch günstiger, als die Anmietung von externen Räumen. Amazon berechnet saisonal abhängige Lagerungskosten:

- Januar bis September: pro Kubikmeter 12,50 €/Monat
- Oktober bis Dezember: pro Kubikmeter 18 €/Monat

Die von dir als Händler zu entrichtenden Versandgebühren werden nach Verkaufskanal und Lagerort berechnet. Ab einem Verkaufspreis von über 350 € ist der Versand immer kostenlos.

Ebenfalls ein Pluspunkt ist, dass du durch die Nutzung von Amazon FBA deine eigene Wettbewerbsfähigkeit optimieren kannst.

Das Versandnetzwerk des Unternehmens, die schnelle Abwicklung der Bestellungen sowie der gute Kundensupport sorgen dafür, dass du im Vergleich zu eventuellen Mitbewerbern die besseren Bedingungen für dein Business im eCommerce hast.

Auf einen Blick:

- keine Kosten für ein eigenes Lager (keine Miet- oder Stromrechnungen);
- kein Zeitaufwand für selbst ausgeführte Versendungen (verpacken, kennzeichnen, frankieren, zur Post bringen);
- kein Ärger aufgrund von notwendigen Retouren (Mitarbeiter von Amazon übernehmen notwendige Schritte);
- gute Sichtbarkeit der Produkte bei Amazon (besseres Ranking durch Teilnahme am FBA);
- keine Versandkosten für Käufer (bei Teilnahme am FBA, automatischer Service von Amazon-Prime);
- Amazon übernimmt den Kundensupport in der jeweiligen Landessprache.

Gibt es Nachteile durch Amazon FBA?

Wo Licht ist, da ist auch Schatten – Amazon FBA bietet dir als Händler zwar sehr viele Vorteile, kann aber auch Nachteile mit sich bringen. Beispielsweise ist der Service nicht für jedes Unternehmen geeignet. Zwischenhändler mit Produkten mit einer sehr geringen Marge sollten Amazon FBA nicht nutzen; die Kosten sind letztlich zu hoch.

Weitere Nachteile sind, dass du als Händler keinerlei Einfluss mehr auf die Bestellungen oder ihre Erledigung hast. Zwar hast du mit diesem System sehr viel weniger Arbeit, kannst aber selbst nicht mehr aktiv eingreifen. Außerdem musst du damit leben, dass die Pakete an den Kunden nicht dein eigenes Unternehmens-Logo tragen, sondern das von Amazon. Das kann sich natürlich negativ auswirken, wenn du beispielsweise ein ganz eigenes Produkt entwickelt hast, das du durch den Verkauf eigentlich als deine Erfindung bekannt machen möchtest. Beim Verkauf von Produkten über andere Kanäle als Amazon musst du regelmäßig deine Warenwirtschaft überprüfen, damit immer genügend Waren vorhanden sind, um die Kunden zufriedenzustellen.

Um nicht gleich in eine absolute Abhängigkeit zu geraten, empfehlen Experten eine breitere Aufstellung deines Geschäftes. Versuche deshalb, auch außerhalb von Amazon FBA deine Produkte zu präsentieren. Dafür kannst du die sozialen Netzwerke ebenso nutzen wie Onlinemarktplätze, die als Mitbewerber in Konkurrenz zu Amazon stehen. Mehrere Standbeine sind stets besser, als sich nur auf einen Partner zu verlassen.

Auf einen Blick:

- du hast keinen Einfluss mehr auf den Bestellvorgang (die gesamte Abwicklung liegt bei Amazon);

- du musst deine Warenwirtschaft genau kontrollieren (nicht lieferbare Produkte führen zu Nachteilen wie schlechteres Ranking auf Amazon);

- du kannst für dich versandte Pakete nicht mit eigenem Logo versehen und damit für dein Unternehmen werben – Amazon „labelt" die Pakete mit seinem Branding);

- du trägst die Kosten für den Service (die Lagerkosten werden nach Art, Menge und Größe des jeweiligen Produkts errechnet);

- du musst mit einem erhöhten Risiko bei Auslandsverkäufen rechnen.

Amazon FBA – Geschäftsmodell mit Zukunft

Manchmal wird behauptet, dass solche Modelle nicht sehr langlebig sind. Doch Analysen zeigen, dass Amazon FBA immer beliebter wird – nicht nur bei großen Konzernen, sondern auch bei kleinen und mittelständischen Unternehmen, die im Bereich eCommerce tätig sind. Damit du den Einstieg gut bewältigst, mache dir vor dem Start Gedanken zu den Themen

- Amazon als Verkaufsplattform
- Finanzplanung
- Produktauswahl
- Steuerrecht
- Kennzeichnungen & Zertifizierungen von Produkten nach EU-Vorgaben

Nur mit einem soliden Grundwissen und einem gut vorbereiteten Plan wird dein Einstieg bei Amazon FBA erfolgreich sein.

Fazit:

Mit der Teilnahme am Service Fullfillment By Amazon kannst du ebenfalls auf relativ einfache Weise ein hohes Nebeneinkommen erwirtschaften. Dafür müsstest du aber damit einverstanden sein, dass Amazon dir einige wichtige Tätigkeiten aus der Hand nimmt. Dein Einkommen erhöht sich durch die wegfallenden Kosten für eine eigene Lagerhaltung. Allerdings lohnt sich die Kooperation mit Amazon nur, wenn die Gebühren, die du an Amazon zu zahlen hast, nicht zu hoch sind. Da der Onlinegigant fast alle Retourliefe-

rungen annimmt und dir diese natürlich berechnet, können die Kosten schnell den Nutzen übersteigen. Zudem erhebt Amazon Strafgebühren für eingelagerte Produkte, die über einen längeren Zeitraum hinweg nicht verkauft wurden.

Aus den genannten Gründen und aufgrund der Risiken eignet sich dieses FBA-Partnerprogramm für dich vor allem dann, wenn du bereits einen Onlinehandel betreibst und deine Verkaufszahlen steigern möchtest, oder wenn du ernsthaft mit dem Gedanken spielst, einen Onlineshop zu eröffnen. Dann kann Fullfillment By Amazon eine gute Ergänzung sein, um ein noch höheres Nebeneinkommen zu erwirtschaften. Falls du ein rein passives Nebeneinkommen generieren möchtest, ist ein klassisches Amazon Affiliate Business sicher der einfachere Weg, um erfolgreich zu sein. Hier musst du die Hauptarbeit zu Beginn leisten und hast später einzig die Aufgabe, für interessanten Inhalt auf deinen Seiten zu sorgen, um deinen Followern etwas zu bieten und so den Traffic aufrechtzuerhalten.

Kapitel 8

Google Ads

Google Ads – Geld verdienen mit Werbung auf deiner Webseite

Google Ads – wer in der Welt des World Wide Web agiert, hat diese Begriffe bereits mehrfach gehört. Doch was ist Google Ads überhaupt, kann es dir als Selbstständiger nutzen? Wenn ja, was musst du tun, um Ads einzusetzen. Und kann man wirklich Geld damit verdienen? Auf diese und weitere Fragen möchten wir dir im folgenden Kapitel die entsprechenden Antworten geben.

Google Ads – was ist das eigentlich?

Google ist jedem ein Begriff. Seit 1998 ist diese Suchmaschine am Start und hilft den Internetusern dabei, bestimmte Inhalte zu finden. Mit über 50.000 Beschäftigten gehört Google zu den Global Playern, finanziert diverse Forschungsprojekte (Google Auto, Google Glass…). Für Endkunden ist die Nutzung der verschiedenen Leistungen, wie beispielsweise Google Maps, Google Übersetzer oder Google Drive kostenlos. Doch wie kann der Konzern existieren, wenn alles kostenlos ist? Ganz einfach, seit 2000 verkauft Google offiziell Werbung – nämlich Google Adwords. Damit die Reichweite der Werbung erhöht wird, hat Google ein so genanntes **Werbenetzwerk** gegründet – Google Ads. Hierbei handelt es um das größte und erfolgreichste Werbenetzwerk. Sehr viele Webseiten nutzen die Möglichkeit des Werbungschaltens, um ihr Unternehmen zu finanzieren und sich noch **einen Zusatzverdienst aufzubauen.**

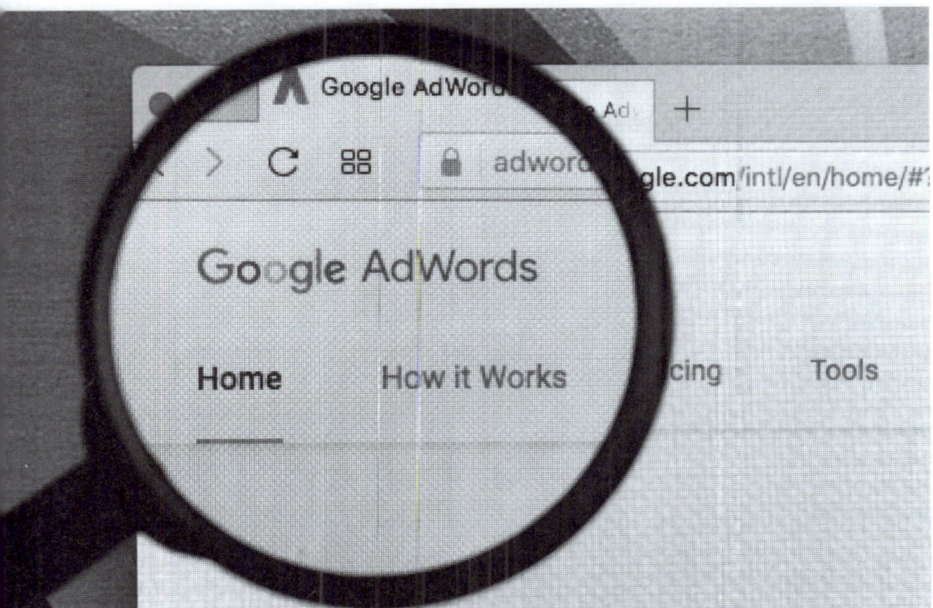

Dabei bietet Google Ads die Möglichkeit, durch kurze **Text- oder Werbeanzeigen** Umsatz mit deiner eigenen Webseite, deinem Blog oder deinem Shop zu generieren. Google Ads kann als „Werbeflächen im Internet" erklärt werden.

Google Ads ist clever – denn die Anzeige der Text- oder Werbeanzeigen ist „zielgruppenorientiert". Das heißt, die Anzeigen werden individuell auf den Nutzer und sein Suchverhalten ausgewählt und angezeigt. Google wählt also Anzeigen passend zum Inhalt der Webseite aus, auf denen diese Werbeanzeigen angezeigt werden sollen. Sollten für einen Platz mehrere Anzeigen zur gleichen Zeit infrage kommen, wird innerhalb einer Auktion entschieden, welche der Anzeigen den Vortritt erhält. Und hierbei gewinnt grundsätzlich die Anzeige, die die höchsten Umsätze pro Einblendung einbringt, denn dies heißt auch für den Ads-Partner hohe Einnahmen.

Wie funktioniert Google Ads genau?

Um Google Ads nutzen zu können, musst du mindestens 18 Jahre alt sein. Außerdem musst du über ein Google-Konto verfügen, um dich zu Google Ads anmelden zu können. Zudem ist eine Webseite mit guten Inhalten von großer Wichtigkeit und regelmäßige Besucher deiner Webseite sollten ebenfalls vorhanden sein. Sind diese Kriterien erfüllt, dann kannst du dich für Google Ads bewerben – und das funktioniert so:

- Als erstes bewirbst du dich mit deiner Webseite um die Aufnahme in das Werbenetzwerk. Dabei platzierst du einen so genannten Codeschnipsel in den Seitencode deiner Webseite.

- Google prüft deinen Antrag – genehmigt deine Webseite oder lehnt sie ab. Bei einer Ablehnung aufgrund von Mängeln, hast du die Möglichkeit, nachdem du die Mängel behoben hast, dich nochmals bei Google zu bewerben.

- War deine Bewerbung erfolgreich, legst du deine Angaben zu den Werbeflächen fest. Das heißt, du wählst Farbschema, das

Format und die Abmessungen deiner Werbeanzeige aus. Zu jedem der Anzeigenblöcke generiert Google einen Code, den du dann an einer bestimmten Stelle in den Code deiner Webseite einfügst. Innerhalb von kurzer Zeit werden deine Werbeanzeigen durch Google platziert.

Deine Einstellungen zu Google Ads

Über dein Google-Konto verwaltest du deine Google Ads-Anzeigen. Unter dem Menüpunkt „Meine Anzeigen“ findest du später eine Übersicht deiner, von dir erstellten Werbeanzeigen. Doch im ersten Step findest du hier nur eine leere Seite vor. Über einen Klick auf „Neuer Anzeigenblock“ kannst du die notwendigen Einstellungen vornehmen. Das heißt, du gibst einen Namen für deinen Anzeigenblock an. Dieser sollte sprechend sein und hilft dir dabei, bei mehreren Anzeigeblöcken den Überblick zu bewahren. Den Namen siehst nur du in deinem Google-Nutzerkonto.

Solltest du mehrere Webseiten betreiben, ist es sinnvoll, alle Namen in deinem Google-Konto einzutragen.

Im zweiten Schritt kümmerst du dich um das **Anzeigenformat**. Dabei ist die Anzeigengröße mitunter von dem auf der Webseite zur Verfügung stehenden Platz abhängig. Je nach Aufbau und Gestaltung der Webseite kannst du an manchen Stellen nur schmale, lange Werbeanzeigen und an anderer Stelle nur breite Anzeigen platzieren. Schaue einfach, an welcher Stelle die Werbeanzeige am besten und effektivsten „aufgehoben“ ist und binde sie dort ein. Wahrscheinlich wirst du am Anfang immer wieder das Format ändern oder die Anzeige an anderer Stelle platzieren, bis es endlich passt.

Beim **Inhalt der Anzeigeblöcke** stehen dir ebenfalls verschiedene Möglichkeiten zur Verfügung. Bilder, Rich Media Inhalte und Textwerbungen, meist aus interaktiven Elementen bestehend, können verwendet werden. Probiere die verschiedenen Varianten aus und prüfe den Erfolg, sprich die Einnahmen aus der Werbeanzeige.

Durch die **Bildung von Channels** kannst du deine Anzeigenblöcke zu Gruppen zusammenführen. Die Aufteilung kann so aussehen, dass du alle Elemente, die innerhalb der Sidebar der Webseite platziert werden, in einem Channel zusammenfasst. Später kannst du dir die statistischen Daten zu den jeweiligen Channels anzeigen lassen. Dies ist insbesondere dann interessant, wenn du mehrere Webseiten betreibst und mit diesen durch Google Ads Einnahmen erzielst.

Der nächste Punkt ist sehr wichtig: das **Design deines Anzeigenblocks**. Dabei wählst du die Farben aus, die deine Textanzeigen erhalten sollen. Für welche Farbkombination du dich entscheidest, liegt natürlich in deinem Ermessen und dem Design deiner Webseite. Allerdings solltest du bei den Werbeanzeigen eine Farbe wählen, die sich von der Farbe des Webseiteninhalts stark unterscheidet, so dass deine Anzeige sozusagen „direkt ins Auge springt". Du ziehst dadurch die Aufmerksamkeit des Besuchers auf die Werbeanzeige und erfüllst gleichzeitig die Vorgabe von Google, dass Besucher nicht unbeabsichtigt auf die Anzeige klicken, weil diese nicht vom restlichen Inhalt zu unterscheiden ist.

Mit „Speichern und Code abrufen", schließt du die Erstellung deiner Google Ads Werbeanzeige ab und generierst somit den Code, den du auf deiner Webseite einfügst.

Geld verdienen mit Google Ads – was ist möglich?

Du möchtest natürlich, dass sich deine Mühen lohnen und du mit deiner Webseite und den Werbeanzeigen Geld verdienst. Doch was ist möglich? Wie viel kannst du mit Google Ads verdienen?

Nun, das ist vor allem von zwei Faktoren abhängig, und zwar

- zum einen, was die Advertiser auf die Keywörter von dir bieten und

- zum anderen, wie hoch deine CTR ist.

Doch was bedeutet jetzt CTR? Hierbei handelt es sich um die **Click- Through-Rate**, die so genannte Click Rate oder Durchklickrate. Sie gibt den prozentualen Anteil der Klicks auf eine Werbeanzeige oder ein sonstiges Werbemittel im Verhältnis zur Anzahl der Werbemitteleinblendung.

Je mehr Advertiser, also Werbetreibende, auf die von dir verwendeten Keywörter auf deiner Webseite bieten, umso mehr zahlen diese und umso mehr verdienst du pro Klick. Dabei sind die Summen, die pro Klick gezahlt werden, ganz unterschiedlich. So gibt es Nischen, bei denen extrem hohe Summen pro Klick bezahlt werden, während andere Klicks nur einige Cent einbringen. Fakt ist: je mehr ein Advertiser pro Kunde verdienen kann, umso eher ist er bereit, viel Geld für Besucher auszugeben.

Natürlich ist für deinen Erfolg auch entscheidend, wie oft generell auf deine Werbeanzeigen geklickt wird. Einen echten Einfluss auf den Klickpreis hast du nicht, allerdings kannst du durch eine geschickte Farbwahl und Positionierung dafür sorgen, dass deine Clickrate ansteigt und du dadurch mehr einnimmst.

Zur Orientierung: rechne mit einer Clickrate von 2 % und einem Clickpreis von 0,50 Euro. Das heißt, du kannst mit dieser standardisierten Rechnung ermitteln, dass dir ein Besucher etwa einen Cent einbringt. Natürlich ist dieser Wert von Branche zu Branche unterschiedlich und kann stark variieren.

Generell ist es so, dass du mit Google Ads nicht das große Geld verdienen kannst. Wie du gesehen hast, ist die Bezahlung pro Besucher alles andere als lukrativ. Allerdings kann Google Ads für die Webseiten von Vorteil sein, wenn es keine andere Möglichkeit gibt oder besonders schwierig ist, eine Webseite auf eine andere Art zu monetarisieren.

Die Vor- und Nachteile von Google Ads

Einer der Vorteile von Google Ads liegt darin, dass du relativ **wenig Arbeit** hast, mit deiner Webseite Geld zu verdienen. Anzeigenblock erstellen, auf Webseite einbinden und fertig. Google sorgt dann dafür, dass Advertiser die Akquise übernehmen und die Anzeigen entsprechend geschaltet werden. Mit Google Ads fallen keine Entwicklungskosten an, du musst lediglich etwas Zeit für die Anzeigenerstellung aufwenden.

Allerdings ist Google Ads auch mit Nachteilen verbunden. Das große Geld ist damit nicht zu verdienen. Und von dem Geld, das generiert wird, behält Google etwa 1/3 als Werbekosten ein. Teilweise darf man zudem lesen, dass einfach Konten von Google gesperrt werden – und das ohne Vorwarnung – und somit alle Einnahmen verloren gehen. Beschweren kann man sich in dem Fall, allerdings erhält man in aller Regel keine Antwort von Google und das Geld ist weg.

Unbedingt beachten – Google Ads und die Regeln

Nachdem die Anzeigen generiert und eingebunden sind, erhältst du von Google eine entsprechende Übersicht über die Klicks und die Einnahmen. Allerdings solltest du dich grundsätzlich mit den **Programmrichtlinien** von Google Ads vertraut machen. Massive und mutmaßliche Verstöße gegen die Richtlinien führen zu einem Ausschluss aus dem Programm – und das teilweise auf Lebenszeit ohne Nennung konkreter Verstöße.

Wir möchten dir einen kleinen Überblick über die verbotenen Aktionen innerhalb von Google Ads geben.

- Du darfst nicht auf eigene Anzeigen klicken
- Du darfst keine Methoden einsetzen, die die Zahl der Ansichten künstlich erhöhen
- Du darfst die Anzeigen nicht auf Seiten platzieren, die gegen die Content-Richtlinien von Google verstoßen
- Du darfst die Besucher nicht dazu anregen, auf die Anzeigen zu klicken
- Du darfst keine irreführenden Bilder direkt neben der Anzeige platzieren, die den Besucher irritieren könnten

Die Einnahmen von Google Ads – sind sie steuerpflichtig?

Du hast einige Euro über Google Ads verdient und da ist es doch für die als Selbstständiger wichtig und relevant zu wissen, ob diese Einnahmen steuerpflichtig sind.

Die Auszahlungen von Google Ads erfolgen nach § 3 Abs. 3 UStG ohne Umsatzsteuer, da Google seinen Unternehmenssitz in Irland hat und für deutsche Nutzer die Steuer bereits in Irland abführt.

Das heißt, die Einnahmen sind in Deutschland nicht steuerbar und du musst dafür keine Umsatzsteuer abführen. Allerdings bist du dazu verpflichtet, die Einnahmen von Google Ads in deiner **Umsatzsteuervoranmeldung** unter „Nicht steuerbare sonstige Leistungen gemäß § 18 b Satz 1, Nr. 2 UStG“ aufzuführen. Auch in der Umsatzsteuererklärung müssen die Einnahmen deklariert werden.

Und nicht nur das, du musst eine **Zusammenfassende Meldung (ZM)** an das Bundeszentralamt für Steuern in Saarlouis übermitteln. Dies kannst du über Elster-Online oder über den Steuerberater erledigen.

Bei der **Einkommensteuer** müssen die Ads-Einnahmen ebenfalls angegeben und unter Umständen versteuert werden. Allerdings kannst du die Kosten gegenüberstellen und angeben, die dadurch für dich anfallen.

Sofern du ein Gewerbe angemeldet hast, unterliegen deine Ads-Einnahmen der **Gewerbesteuer.** Dabei fallen diese Einnahmen mit anderen gewerblichen Einnahmen gemäß § 11 GewStG unter den Freibetrag von 24.500 Euro. Liegen die Einnahmen über dieser Summe, ist Gewerbesteuer fällig.

Kapitel 9

Freelancing

Wer zukünftig als Freelancer freiberuflich arbeitet, macht sich in gewisser Weise unabhängig von einem festen Arbeitgeber und einer Firma. Unverwechselbare und eigenständige Qualifikationen bilden eine erste Voraussetzung, um auf lange Sicht erfolgreich Geld zu verdienen. Freelancer sind zurecht die erklärten Lieblinge der Wirtschaft, da immer mehr Unternehmen angesichts des zunehmenden Fachkräftemangels mit Freiberuflern zusammenarbeiten. Positiv wirkt sich diese Tendenz auf die Bezahlung aus, so dass allein die Stundensätze im Vergleich zu den letzten Jahren weiter angestiegen sind. Gerade Fachkräfte sind gefragt wie nie zuvor.

SICHERE DIR NACHHALTIGEN ERFOLG UND EIN ZUVERLÄSSIGES EINKOMMEN

Tatsächlich gibt es gar nicht so viele deutsche Freelancer. Zu den gefragten Tätigkeiten zählen Übersetzungsarbeiten, wobei das Internet diverse Möglichkeiten bereithält, aus den eigenen Dienstleistungen bares Geld zu machen. Hier reicht die Auswahl von Programmierung, IT-Aufgaben, Texten und Recherche bis hin zu Übersetzungen, Design und Architektur. Das Geheimnis sind die Schlüsselqualifikationen, die einen Freiberufler vom Rest der Branche abheben. Wie es der Name bereits impliziert, ist der freie Mitarbeiter freiberuflich für ein Unternehmen tätig und erledigt ausgeschriebene Arbeiten.

Erkundige dich unbedingt, ob deine Tätigkeit oder Dienstleistung in das Berufsfeld eines Freelancer überhaupt hineinpasst. Das kannst du ganz unkompliziert am Telefon mit einem Mitarbeiter des Finanzamts klären. Freiberufler benötigen nämlich keinen Gewerbeschein, dennoch gibt es hier Grenzen für den Zuverdienst. Wenn die Begriffe Freiberufler und Freelancing auch oft als Synonym verwendet werden, beschreibt der Freelancer das Beschäftigungsverhältnis, und der Freiberufler das festgelegte Berufsbild.

Insbesondere die Unabhängigkeit in der Wahl der Arbeitsbedingungen stellt einen wesentlichen Vorteil in diesem Bereich dar. So bestimmt der Freiberufler selbst, den Ort, die Zeit und den Zeitraum seiner Tätigkeiten in Abstimmung mit dem Auftraggeber. Daraus ergibt sich eine individuelle und flexible Organisationsstruktur, die den eigenen Arbeitsalltag bestimmt.

Einstieg ins Freelancing - gar nicht so einfach

Freelancer suchen online nach den passenden Agenturen und Projekten. Hier bieten sich die erfolgreichen Plattformen an, die mittlerweile millionenfach Agenturen und Freiberufler zusammengeführt haben. Wer sich als Online-Dienstleister positionieren möchte, der sollte seine eigenen Qualifikationen klar herausstellen, mit Referenzen und einer entsprechenden Ausbildung bzw. einem Studium belegen, um die passenden Firmen und Agenturen zu finden.

Freiberufler müssen wie Selbstständige eine Einkommensteuererklärung machen. Zu Anfang reicht es vollkommen aus, beim Finanzamt eine Steuernummer zu beantragen und in Kontakt mit einem Steuerberater zu treten. Die Investitionen und die Zusammenarbeit mit einem Profi macht sich spätestens am Ende des Jahres bezahlt. So gehst du auf Nummer sicher, das Optimum für deine eigene Finanzplanung herauszuholen. Bestenfalls hast du die Gelegenheit, mit einem Spezialisten für deine Branche zusammenzuarbeiten.

Freelancing ist die unkomplizierte Möglichkeit, in das ortsunabhängige Arbeiten einzusteigen. Dennoch ist es nicht damit getan, einfach den Laptop aufzuklappen, sich an den Schreibtisch zu setzen und loszulegen. Wer auf lange Sicht erfolgreich arbeiten möchte, sollte sich vor allen Dingen im Bereich Akquise, Zeitmanagement und Selbstvermarktung fortbilden. Nur auf diese Weise lernst du, auf dem freien Markt selbstständig an die besten Aufträge heranzukommen.

Heimarbeit oder Homeoffice ist keine magische Zauberformel und eine Gelddruckmaschinen oder eine Möglichkeit, schlecht gelaunten Chefs zu entkommen. Darunter sind seriöse Tätigkeiten zu verstehen, die nachhaltig die eigenen Einnahmen für die nächsten Jahre sicherstellen.

Lukrative Branchen und Projekte für Freelancer

Es gibt viele Arten, auf die du **als Freelancer** tätig sein und Geld verdienen kannst. Meist springen Interessenten auf bereits fahrende Züge auf und spielen mit dem Gedanken, zum Beispiel einen Onlineshop zu eröffnen oder mithilfe von Affiliate-Marketing im Internet Geld zu verdienen. Dabei gibt es wesentlich mehr Möglichkeiten, als Freelancer tätig zu werden.

1. Mit Kreativität als Freelancer tätig sein – fotografiere dich reich

Am meisten Erfolg hast du als Freelancer, wenn du genau das machst, was du liebst. Bist du gerne mit Kamera unterwegs und fotografierst? Hast du immer wieder Ideen für Bildbände im Kopf, die dich nicht loslassen?

Dann versuche dich doch als Fotograf und präsentiere deinen Kunden erstklassige, ausgefallene und spannende Motive. Für qualitativ hochwertige Bilder findest du im Internet zahlreiche Websites, auf denen du dich anmelden und dann deine Fotos einstellen kannst. Bildmaterial wird immer gesucht, und wenn du interessante, ungewöhnliche und seltene Motive anbietest, finden sich auch die entsprechenden Abnehmer. Der Vorteil an der Arbeit als fotografierender Freelancer ist, dass du dir deine Zeit vollkommen frei einteilen kannst. Dies gilt natürlich nicht, wenn du Aufträge für Fotoshootings anbietest. Sollst du beispielsweise eine Hochzeit oder eine andere Feier fotografieren, bist du natürlich an Zeiten gebunden, kannst aber diese Aufträge frei entscheiden. Prinzipiell vorteilhaft ist, dass du den Preis für deine Arbeit selbst bestimmen kannst. Du solltest aber vorher prüfen, welche Honorare andere Fotografen in deiner Umgebung für einen solchen Auftrag in Rechnung stellen. Biete dich nie unter Wert an, denn erst durch deine Kreativität und Kompetenz entstehen gute Bilder und diese Arbeit solltest du dir entsprechend bezahlen lassen. Falls du auf der Suche nach entsprechenden Plattformen bist, kannst du beispielsweise schauen auf:

- Stock.Adobe (hier kannst du Handy-Fotos ebenso verkaufen wie professionelle Aufnahmen)
- wildstock.de (spezialisiert auf Fotos in den Bereichen Jagd und Natur)
- shutterstock.de (große Fotoagentur mit verschiedensten The-

menbereichen)

Auf diesen Plattformen kannst du dich relativ schnell und unkompliziert anmelden, musst dir nur ein Profil erstellen und kannst anschließend deine Fotos einstellen und zum Verkauf anbieten. Das gilt übrigens nicht nur für professionelle Bilder, die du mithilfe einer teuren Kamera aufgenommen und dann eventuell noch nachbearbeitet hast. Viele Nutzer suchen auch nach Schnappschüssen, die mit dem Smartphone gemacht wurden. Sie haben meist den Vorteil, dass sie sehr viel natürlicher wirken als „arrangierte" Fotos.

2. Schreiben als Form der selbstständigen Arbeit

Das Schreiben ist eine ebenfalls Erfolg versprechende Freelancer-Tätigkeit. Setze dich hin und fang an zu schreiben! Deine Werke kannst du entweder bei einem klassischen Verlag einreichen oder aber bei einem sogenannten Selfpublisher-Verlag, bei dem du dein Buch fast vollständig selbst veröffentlichst und lediglich Unterstützung erhältst, wenn du sie wünschst.

Die Veröffentlichung eines Buches ist bei einem solchen Verlag auch deutlich günstiger als bei einem der bekannten Verlagshäuser. Zudem musst du dich lediglich anmelden und nicht erst abwarten, ob dein Skript überhaupt angenommen wird. Außerdem dauert der ganze Prozess der Veröffentlichung nicht sehr lange. Entsprechende Verlage sind z. B.:

- tredition.de
- bod.de
- epubli.de

Das Schreiben wie auch Fotografieren kannst du zunächst in deiner Freizeit machen, also neben einem festen Job. So hast du die Sicherheit eines geregelten Einkommens. Erst, wenn dein Freelancer-Business gut angelaufen ist, kannst du dich vollends auf die Arbeit als Freelancer konzentrieren. Eine weitere Form als Freelancer tätig zu sein, ist das Schreiben von Auftragstexten für Kunden. Allerdings handelt es sich dabei um eine schon bekanntere Form der freiberuflichen Tätigkeit.

3. Freelancer-Jobs für Sprachbegabte – als freiberuflicher Übersetzer Geld verdienen

Es gibt Menschen, die unglaublich sprachbegabt sind und in kürzester Zeit eine Fremdsprache erlernen können. Gehörst du zu den Menschen, die fließend Englisch, Französisch oder Spanisch sprechen? Beherrschst du in unseren Breitengraden eher selten genutzte Sprachen wie Mandarin, Japanisch oder einen der zahllosen afrikanischen Dialekte? Dann mache dich doch einfach als Übersetzer selbstständig und erarbeite dir auf diese Weise als Freelancer ein Einkommen. Idealerweise hast du als Vorbereitung ein Praktikum in einem Übersetzungsbüro oder einer staatlichen oder städtischen Behörde absolviert. Im Rahmen eines solchen Praktikums kannst du alle notwendigen Fähigkeiten erlernen, die für eine korrekte Übersetzung notwendig sind. Zu diesen Fähigkeiten gehören u. a.:

- genaue Kenntnis der Zielsprache (notwendig bei der Übersetzung von Fachtexten, z. B. bei Wissenschafts- oder Rechtstexten),

- sehr gutes Sprachgefühl (z. B. bei der Übersetzung von religiösen Texten),

- sehr gute Kenntnisse in der Recherchearbeit (dient der Suche nach eventuell geforderten, aber nicht im Ursprungstext enthaltenen Informationen),

- entsprechende Fachkenntnisse in speziellen Bereichen (z. B. Für die Übersetzung von technischen Texten).

Da du nicht angestellt bist, kannst du deine eigenen Preise festlegen (meist als Preis pro Normseite oder als Beteiligung an Verkaufserlösen bei veröffentlichten Büchern) und nur die Aufträge annehmen, an denen du wirklich Interesse hast bzw. die du in der mit dem Auftraggeber vereinbarten Frist bewältigen kannst.

Ein wichtiger Aspekt für deine erfolgreiche Arbeit als Freelancer im Bereich Übersetzung ist die Spezialisierung. Je stärker du dich auf einen Themenbereich fokussierst, desto umfangreicher und wertvoller ist dein Wissen zu dem Thema. So erreichst du zwar vermutlich weniger potenzielle Kunden, diejenigen aber, die sich für deine Arbeit interessieren, sind meist bereit höhere Honorare zu zahlen.

Prinzipiell kannst du zwischen ganz verschiedenen Übersetzungsarten wählen:

- Übersetzen von Texten für Websites oder Blogs,
- Übersetzung von Fachartikeln (z. B. für Magazine oder Zeitungen),
- Übersetzung von Rechtstexten (z. B. für Patentanwälte oder Behörden),
- Übersetzung von wissenschaftliche Texte,
- Übersetzung von Büchern (eBooks, Romane oder ähnliche Veröffentlichungen).

Entsprechende Aufträge für Übersetzungen findest du auf einschlägigen Online-Plattformen für Texter und Autoren oder aber in den sozialen Netzwerken wie Facebook, wo du nach entsprechenden Gruppen suchst. Du kannst deine Dienste natürlich auch selbst anbieten und dich an Institutionen, Behörden oder Unternehmen wenden. Wenn deine Bewerbung überzeugend ist und du gute Probetexte vorweist, nehmen sie dich vermutlich gerne in ihren Pool von Übersetzern auf.

4. Gestalterisch als Freelancer arbeiten – der freiberufliche Grafiker

Egal, ob es um die Gestaltung einer Website, eines Buch-Covers oder das Deckblatt eines Lifestyle-Magazins geht, immer hat ein Grafiker seine Hände im Spiel. Besitzt du ein gutes Auge für Motive und interessante Designs? Hast du bereits eine spannende Idee für ein mögliches Bildkonzept im Kopf, sobald du einen Produktnamen hörst? Bist du technisch begabt und kennst dich mit entsprechender Grafik-Software aus?

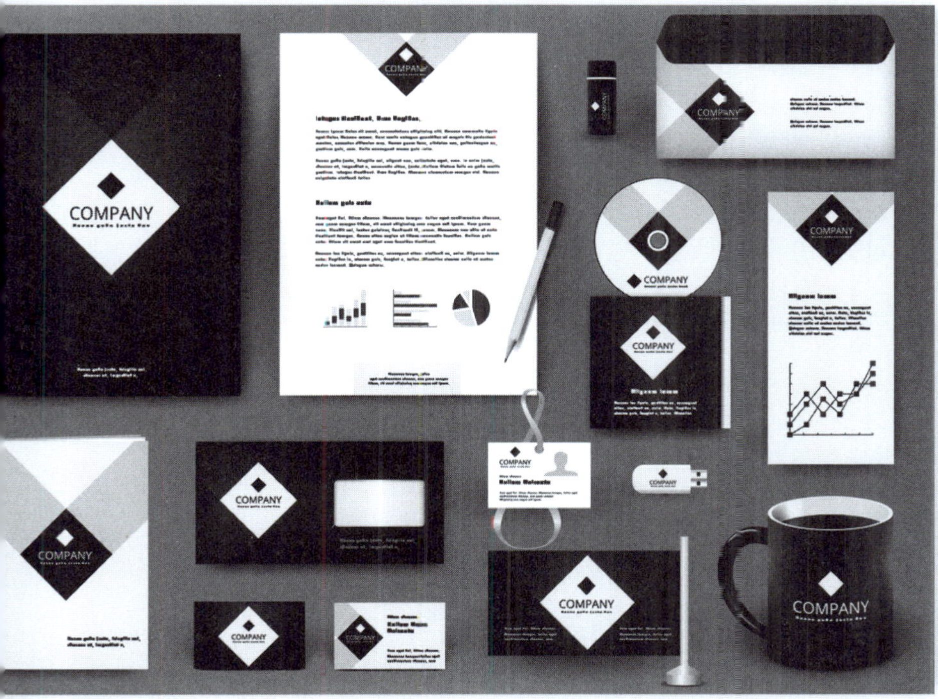

Dann ist vielleicht der Job als freiberuflicher Grafiker, Grafik- oder Mediendesigner etwas für dich. Im Idealfall hast du eine entsprechende Ausbildung oder ein Studium erfolgreich absolviert und warst bisher in diesem Bereich Angestellter eines Unternehmens. Das wären perfekte Voraussetzungen, um deine Fähigkeiten jetzt als Freelancer anzubieten. So könntest du dir deine Kunden selbst suchen und Aufträge übernehmen, die interessant für dich sind. Auch die Verdienstmöglichkeiten für Grafiker, die als Freelancer arbeiten, sind durchaus beachtlich. Wenn du dein Handwerk beherrschst und gute Arbeit leistest, kann du beispielsweise mit einem einzigen Buch-Cover schon Einnahmen von 400 bis 800 Euro erzielen. Kannst du Aufträge für eine Gestaltung von Magazin-Covern generieren, können die Honorare sogar zwischen 900 und 4.200 Euro betragen. Um solche Aufträge zu erhalten, solltest du allerdings über die folgenden Fähigkeiten verfügen:

- versierter Umgang mit entsprechender Software (z. B. InDesign, Photoshop, Illustrator),
- hohes Maß an Einfühlungsvermögen (was wünscht sich der Kunde?),
- umfassende, gestalterische Fähigkeiten (z. B. für die Anfertigung von Reinzeichnungen),
- ein gutes Gespür für neue Trends,
- die Fähigkeit zur Entwicklung neuer Ideen.

Um als Freelancer im Medien- und Grafikbereich erfolgreich zu sein und genug Einnahmen zu erzielen, ist es wichtig, dass du dir eine wirklich gute und ansprechende Website zulegst. Sie ist das Aushängeschild für dich und dein Talent. Die meisten potenziellen Kunden werden aufgrund dieser Website auf dich aufmerksam - wenn du die Chance des ersten Eindrucks durch deine Homepage nicht für dich nutzen kannst, wird der Kunde schnell weiterklicken und sich bei der Konkurrenz umschauen.

Nachhaltige Chancen im direkten Kundengeschäft

Das direkte Kundengeschäft sichert die unkompliziertesten Einnahmequellen. Insbesondere digitale Dienstleistungen lassen sich schnellstmöglich abrechnen. Das macht gleichsam das Kundengeschäft sehr schwer skalierbar. Dennoch gehört Freelancing heute zu einem der wichtigsten Grundbausteine, wenn es darum geht, ein eigenes Unternehmen zu entwickeln. Einige Unternehmer mit entsprechend hohem Budget in der Hinterhand überspringen diese Stufe und entwickeln zugleich eigenes Projekt. Für andere Unternehmensgründer ist Freelancing ein sicheres Fundament, um für eine notwendige finanzielle Basis zu sorgen.

Nicht zu vernachlässigen ist die Erfahrung, die das Kundengeschäft mit sich bringt. Hier stattest du dich mit dem Grundlagenwissen im Bereich Direktmarketing aus. So solltest du dir zunächst ein sicheres Einkommen aufbauen, um je nach eigenen finanziellen Möglichkeiten zu experimentieren und die Chancen passiver Einkommensströme nicht zu vernachlässigen. Auch wenn alles auf den ersten Blick herrlich einfach erscheint, ist der Einstieg gar nicht so leicht.

Die Plattformen für Freiberufler stehen in direkter Konkurrenz mit der persönlichen Kontaktaufnahme und Bewerbung. Erfahrungen haben gezeigt, dass die gut bezahlten Projekte zumeist außerhalb der Plattformen auftauchen. Wer sich von Anfang an mit den entscheidenden Fähigkeiten in der Direktvermarktung ausstattet, profitiert ein Leben lang davon und kann sich auch außerhalb der Plattformen erfolgreich verkaufen. Nicht jeder wird als Profi geboren. Die Meisten beginnen zunächst über die Erfahrungen von Kunde zu Kunde. Dabei sollte jeder Freiberufler die Angst vor Ablehnung aus dem eigenen Gedächtnis streichen, zum Telefonhörer greifen und eine Agentur kontaktieren. Auch im Zeitalter zunehmender Digitalisierung ist der persönliche Anruf effektiver als Hunderte E-Mails.

Nutze die Knotenpunkte, an denen die potentiellen Kunden sich aufhalten und entwickle Schritt für Schritt erfolgreiche Verkaufstexte. Das Wichtigste für einen Freiberufler sind die Bestandskunden, die stetige Buchungen zusichern. So wirst du herausfinden, was in deiner Branche problemlos funktioniert und kannst dich auf diese Kenntnisse stützen. Dabei gibt es kein Pauschalrezept, wie du einen Kunden von dir überzeugst, sondern ein individuelles Erfolgsgeheimnis, das sich gerade auf lange Frist auszahlt.

Wie lässt sich der Einstieg als Freiberufler finanzieren?

Für Freiberufler und Einsteiger gibt es Forderungen und Gründungszuschüsse, die den Einstieg erleichtern. Es ist von staatlicher Unterstützung die Rede. Hast du also Anspruch auf Arbeitslosengeld, kannst du auch einen Gründungszuschuss beantragen, den gibt es direkt von der Arbeitsagentur. Dabei lassen sich zwei verschiedene Phasen der Förderung unterscheiden. In der ersten sechsmonatigen Phase gibt es eine Förderung in Höhe des Arbeitslosengeldes. Dies entspricht zumeist 60 % des letzten Gehalts. Für die Sozialabgaben zahlt das Arbeitsamt einen Zuschuss in Höhe von 300 Euro.

In der zweiten Phase ist es möglich, weitere 300 Euro in jedem Monat über sechs Monate hinweg zu bekommen. Nur die wenigsten Freiberufler können sich nach einem halben Jahr komplett selbst finanzieren, so dass der Zuschuss immer nur eine kleine finanzielle Unterstützung darstellt. Gründerkredite zum Beispiel von der KfW Förderbank, spezielle Darlehen für Freiberufler, Investoren und Privatdarlehen bilden eine weitere Möglichkeit, um sich mit finanziellen Mitteln auszustatten. Arbeitslosengeld II Empfänger haben keinen Anspruch auf den Gründungszuschuss. Hier gibt es aber ein Einstiegsgeld, das dem Regelsatz der Zahlungen von 50-100 % entsprechen kann.

Zudem gibt es in Deutschland das Gründercoaching. Das steht auch Freiberuflern in der Startphase zur Verfügung. Selbst wenn die Existenzgründung und Selbstständigkeit bis zu fünf Jahre zurückliegt, kannst du diese Förderung nutzen. Hier geht es vor allen Dingen um Fragen der Organisation, Finanzierung und Wirtschaftlichkeit in Verbindung mit Versicherungen, Steuern und der Rechtsprechung. Die Obergrenze der Förderung des Beratungshonorars liegt bei maximal 6.000 Euro. Der Berater darf pro Tag bis zu 800 Euro in Rechnung stellen. Darüber hinaus gibt es noch Unterschiede zwischen den neuen und den alten Bundesländern.

Schritt 1: Das persönliche Profil und Portfolio

Der erste Schritt zielt auf die Erstellung des eigenen Portfolios und Profils. Dieses lässt sich mit dem Lebenslauf vergleichen. In Verbindung mit der Bewerbung kannst du dich so auf alle ausgeschriebenen Jobs bewerben. Wer hier besonders viel Mühe investiert, erhöht seine eigene Chancen, den Zuschlag für ein Projekt zu bekommen. Einige Auftraggeber haben spezielle Einstufungstests oder Probeaufgaben vorbereitet, um lediglich die Kenntnisse abzutesten.

ACHTUNG: Unter einer Probearbeit ist keine kostenlose Dienstleistung zu verstehen, sondern lediglich eine Testarbeit, die eigene Fertigkeiten und Fähigkeiten unter Beweis stellt. So sollten sich geschriebene Texte später nicht kostenlos im Internet wiederfinden. Der Auftraggeber bietet hier Alternativen, wie zum Beispiel eine Vergütung der Probearbeit, wenn diese später im Internet erscheint. Freelancer sollten sich von Anfang an absichern – anstelle kostenfrei zu arbeiten.

Schritt 2: Jobsuche

Für einen Freiberufler geht es raus aus dem behüteten Schoß einer Firma und hin zu spannenden Projekten und neuen Kooperationspartnern. Wer sich zunächst einmal einen Namen machen möchte, sucht nach geeigneten Projekten auf dem freien Markt. Mit entsprechenden Fremdsprachenkenntnissen bilden die nationalen Grenzen keinen Endpunkt für die Bearbeitung. Grundsätzlich liegt dir die gesamte Welt zu Füßen.

Schritt 3: Budget festlegen

Viele Neulinge begehen den ersten Fehler, ein zu günstiges Angebot abzugeben, in der Hoffnung den Job wirklich zu bekommen. Das muss beim Auftraggeber jedoch nicht in jedem Fall positiv ankommen. Viele große Agenturen und Firmen sehen in dem jeweiligen Budget und Stundenpreis der Freiberufler ihre Qualität, neben der tatsächlichen Qualifikation. Es macht auf jeden Fall Sinn, sich von Anfang an einen objektiven Stundenpreis zugrunde zu legen, mit dem du leben und arbeiten kannst.

Ein Hauptaugenmerk liegt auf einem detaillierten Angebot, das auf alle Fragen des Auftraggebers eingeht. Das Angebot sollte auf jeden Fall den individuellen Anforderungen, der Angebotsfrist ebenso wie den Budget-Vorstellungen entgegenkommen. Je mehr die Qualifikationen von Anfang an erfüllt sind, desto größer ist die Wahrscheinlichkeit, dass du den Zuschlag erhältst.

Im Abschluss gibt es kein regelmäßiges Einkommen, sondern die Gage bzw. das Honorar. Freiberufler müssen davon selbst Versicherungen, Steuern und Sozialabgaben ebenso wie die Krankenkasse bezahlen. Auf dieser Basis solltest du deinen eigenen Stundenpreis berechnen und hier nicht zu knapp kalkulieren.

Im Falle von künstlerischen und publizistischen Tätigkeiten hat ein Freiberufler die Möglichkeit, der Künstlersozialkasse beizutreten. Hier übernimmt die KSK den Arbeitgeberanteil, was die Sozialversicherungsabgaben drastisch nach unten setzt und eine enorme finanzielle Unterstützung zusichert. Viele Unternehmen setzen Freiberufler immer dann ein, wenn es zu einem Engpass in Verbindung mit dem Inhouse-Personal kommt und im Gegenzug eine Beschäftigung eines weiteren festen Mitarbeiters zu teuer wäre.

Schritt 4: Projektausführung

Mit dem erfolgreichen Zuschlag bist du einen gehörigen Schritt weiter gekommen. Nun ist es das Ziel, den Kunden zu 100 % zufriedenzustellen. Schließlich ist ein erfolgreicher Auftrag immer gleich ein wirtschaftlicher Spiegel für die gesamte Branche. Freiberufler sollten eine unangenehme Erfahrung mit einem Kunden nicht unterschätzen, diese kann schnell die Runde machen und andere potentielle Auftraggeber abstoßen. Zudem sollte sich niemand die Gelegenheit nehmen lassen, Bewertungen abzugeben. Nach einem erfolgreichen Projekt solltest du einen Auftraggeber darum bitten, die Zusammenarbeit zu bewerten. Dies sind wichtige Referenzen, die bei der späteren Entwicklung und Bewerbung weiterhelfen.

Schritt 5: Bezahlung

Wenn es sich nicht um eine projektbezogene Zusammenarbeit auf einer Plattform handelt, erfolgt die Bezahlung ganz einfach per Rechnung und Überweisung. In anderen Fällen steht ein Treuhänderkonto zur Verfügung. Hier bezahlt der Arbeitgeber das Geld nach Auftragsvergabe ein. Ist das Projekt abgeschlossen, geht die Summe an den jeweiligen Freiberufler. Bei besonders umfangreichen Projekten, deren Bearbeitung sich über längere Zeit hinzieht, ist es lohnenswert, feste Bezahltermine und eine Vorkasse zu vereinbaren. So gehst du keinerlei Risiken ein, dass es zu Zahlungsschwierigkeiten im späteren Verlauf kommt. Seriöse Anbieter haben kein Problem mit der Vorkasse bzw. einem festen Zahlungsplan.

Wer sich erfolgreich in einer Branche positionieren möchte, muss als Freelancer bereit sein, auf Kunden zuzugehen und sich selbst zu vermarkten. Mit jedem erfolgreichen Projekt steigt das eigene Referenzkonto und die positive Wirkung auf die unternehmerische Außenwelt. Im direkten Zusammenhang gilt es, neben dem persönlichen Profil, der Bewerbung und dem Lebenslauf auf eine eigene Online-Präsenz zu setzen. Die professionelle und kundenfreundlichere Präsentation im Internet bildet eine der grundlegenden Voraussetzungen, um sich von Anfang an von der Konkurrenz abzuheben und als erfolgreicher Freiberufler mit den begehrten Skills den Vorzug zu bekommen.

Der neue Trend - Coworking Space statt Homeoffice

Viele Freiberufler arbeiten von zu Hause aus. Das bedeutet Reduzierung der Arbeitswege und eine flexible Zeiteinteilung, ist jedoch oftmals mit Ablenkung durch die Familie oder Isolation verbunden. Eine mittlerweile sogar ziemlich beliebte Lösung ist das Arbeiten in Coworking Spaces. Frei ins Deutsche übersetzt handelt es sich dabei um Gemeinschaftsbüros, in denen sich Selbstständige und Freiberufler treffen. Es wird mehr als ein Büro geboten: der zwischenmenschliche Austausch und das Netzwerken stehen ebenfalls im Fokus.

Im Vergleich zu konventioneller Bürofläche kannst du in einem Gemeinschaftsbüro günstig an Fläche kommen, um dich kreativ ausleben zu können. Außerdem sind die Mietfristen kurzfristiger, sodass du dich schnell entscheiden kannst, solltest du nicht zufrieden sein. Das bietet dir eine hohe Flexibilität, die du vor allem in der Gründungsphase gut gebrauchen kannst. Solltest du Freiberufler sein, dann ist es einfach nochmals eine Unterstützung deiner persönlichen Entscheidungsfreiheit.

Aber nicht nur der Kostenaspekt scheint entscheidend zu sein, sondern auch das Netzwerken. Viele Befragte haben eine einzigartige Art und Weise von Offenheit und ein beinahe familiäres Verhältnis innerhalb des Büros verspürt. Auch du kannst deshalb in einem Coworking Space die Möglichkeit nutzen und auf ein breit gefächertes Netzwerk an Menschen zugreifen, die dir oft kostengünstig / kostenlos helfen können, wenn du bei deiner Tätigkeit an einem Punkt angekommen bist, wo du externe Hilfe brauchst.

Des Weiteren bist du in einem Gemeinschaftsbüro mit Menschen umgeben, die große Ziele haben und oft hart arbeiten. Diese Arbeitsmoral färbt auf dich ab und auch du wirst disziplinierter werden und dich deinem Umfeld dahingehend anpassen. Das Beste daran: Das wird ganz von selbst geschehen. Wie sagt es das Sprichwort: Du bist der Durchschnitt der fünf Menschen, mit denen du die meiste Zeit verbringst…

Was Freelancer beim Einstieg beachten sollten

Die Vorteile der Freelancer liegen auf der Hand. Sie können ortsunabhängig und flexibel arbeiten, stehen in Verbindung mit wechselnden Firmen und Unternehmen und halten ihren eigenen wirtschaftlichen Erfolg in den Händen. Auch wenn es auf den ersten Blick so scheint, ist der Einstieg gar nicht so einfach. Es geht nicht darum, die günstigsten Angebote abzugeben, sondern auf lange Sicht auf ein erfolgreiches Direktmarketing zu bauen, das dich mit speziellen Skills ausstattet, auf die das Unternehmen nicht verzichten kann. Neben der Erfahrung lernen die Freiberufler von Kunde zu Kunde, sich besser zu verkaufen und in das eigene Profil zu investieren. Das bietet eine der vielversprechenden Grundlagen für den nachhaltigen, wirtschaftlichen Erfolg, der über Jahre hinweg funktioniert und ein sicheres Einkommen aufbaut. Nicht wenige Unternehmen haben einst den Einstieg über das Freelancing geschafft und sich mit dem wichtigen Geldmitteln versorgt, um später weiter zu investieren.

FREELANCING EINE WIRKLICHE OPTION

Der Erfolg eines Freelancers hängt also maßgeblich von seinem Selbstmarketing ab. Qualifizierte und motivierte Freelancer die einige Grundregeln befolgen, sind dazu in der Lage, ein langfristiges und zuverlässiges Einkommen zu generieren und ihren Kundenstamm fortlaufend zu erweitern. Ein Leben als Selbstständiger ist daher für viele reizvoll, besonders Vertreter kreativer Berufe, profitieren von dieser Möglichkeit.

Kapitel 10

Virtuelle Assistentin

Hilfreiche Tipps, um als virtuelle Assistentin online Geld zu verdienen

Möchtest du einen Job, den du von überall auf der Welt ausführen kannst? Findest du den Gedanken toll, dein eigener Chef zu sein und würdest dir deine Arbeitszeit gerne frei einteilen? Dann ist der Beruf der virtuellen Assistentin (kurz VA) genau richtig für dich.

Endlich kannst du deinen leidigen Job an den Nagel hängen und musst dich nicht mehr von deinem Wecker aus dem Tiefschlaf reißen lassen. Zudem ist es auch für Mütter die Gelegenheit, neben dem Kinderhüten bequem etwas Geld zu verdienen.

Was bedeutet virtuelle Assistentin?

In Deutschland ist dieses Tätigkeitsfeld noch nicht ganz so weit verbreitet, wie in Amerika. Spätestens der Bestseller „Die 4-Stunden-Woche" von Tim Ferris hat auch einige deutsche Unternehmer auf die Idee gebracht, virtuelle Assistenten zu beauftragen.

Die vielseitigen Tätigkeiten einer Assistentin sind sicher jedem klar. Virtuell bedeutet allerdings, dass die Zusammenarbeit völlig unabhängig von Ort und Zeit stattfindet. Es ist also egal, ob der Auftraggeber in Deutschland sitzt und die virtuelle Assistentin in Thailand – Hauptsache, das Internet funktioniert. Das Ziel ist es, Unternehmern Aufgaben abzunehmen, die sie vom eigentlichen Kerngeschäft abhalten. Viel zu oft haben Unternehmer mehr Arbeit, als der Tag Stunden zählt – und dann kommst du ins Spiel.

Wie erfolgt eine virtuelle Zusammenarbeit?

Eine Zusammenarbeit vor Ort ist nicht notwendig, da die Abstimmung ganz unkompliziert via E-Mail, Skype, Facebook-Messenger oder WhatsApp erfolgt. Ebenso können Dokumente über moderne Arbeitsräume wie Dropbox oder Google Docs ausgetauscht werden. Aufgrund der weltweit voranschreitenden Digitalisierung, gibt es mittlerweile eine immer größer werdende Auswahl an verschiedenen Projektmanagement-Tools. Diese können ebenfalls für eine Zusammenarbeit sehr hilfreich sein.

Beispiele für verschiedene Tools:

- Trello
- Evernote

- Asana
- ActiveCollab
- WorkFlowy
- Todoist

Wie werde ich eine virtuelle Assistentin?

Um als virtuelle Assistentin tätig zu werden, ist meist keine spezifische Ausbildung erforderlich. Dennoch gilt, je mehr Kompetenzen du vorzeigst oder dir aneignest, desto höher ist die Chance, neue und wiederkehrende Aufträge zu generieren.

Die wichtigste Voraussetzung ist der Umgang mit dem PC oder Laptop und den gängigen Office-Anwendungen. Zunächst solltest du dir Gedanken darüber machen, worin deine Stärken liegen, was du besonders gut kannst und vor allem, was du auch gerne tust. Diese Tätigkeiten kannst du dann als Dienstleistung anbieten. Häufig lernen dich Kunden auch in verschiedene Tätigkeiten ein. Somit wirst du sozusagen dafür bezahlt, dass du etwas Neues lernst, was du wiederum anderen Kunden anbieten kannst. Wichtig zu beachten ist jedenfalls, dass du ein Gewerbe anmelden musst. Sobald du deine Steuernummer zugeteilt bekommst, kannst du Rechnungen stellen. Solltest du nur nebenberuflich als virtuelle Assistentin arbeiten und einen Jahresumsatz von 17.500 Euro nicht überschreiten, genügt sogar die Anmeldungen eines Kleingewerbes. Das heißt, du bist von der Umsatzsteuer befreit und musst diese nicht auf deinen Rechnungen ausweisen. Zudem unterliegst du nur der einfachen Buchführung und musst lediglich deine Einnahmen den Ausgaben gegenüberstellen und mit der Steuererklärung beim Finanzamt einreichen.

Wie finde ich Kunden und Aufträge?

Für den Anfang können verschiedene Portale hilfreich sein, um die ersten Jobs zu ergattern. Diese dienen sozusagen als Vermittler zwischen dir und deinen künftigen Auftraggebern. Auf den Webseiten sämtlicher Agenturen findest du meist eine Beschreibung, wie du dort als virtuelle Assistentin aufgenommen wirst. Der Vorteil ist, dass du keine Kundenakquise betreiben musst, da dies die Agenturen für dich übernehmen und dich je nach deinen Qualifikationen einem Kunden zuordnen. Somit kannst du dir deine ersten Referenzen aufbauen und Erfahrungen sammeln, ohne dich auf Kundensuche zu begeben.

Beispiele bekannter Jobportale:

- Fernarbeit.net
- my-vpa
- eAssistentin

- Strandschicht
- MachDuDas

Der Nachteil ist allerdings, dass viele Jobportale für die Vermittlung an deinen Dienstleistungen mitverdienen möchten. Teilweise kannst du auch nicht selbst entscheiden, für welchen Stundenlohn du deine Dienste anbietest.

Du solltest also schnellstmöglich versuchen, unabhängig von sämtlichen Jobportalen zu arbeiten. Hierfür ist es sehr ratsam, dir eine Facebook-Seite zu erstellen. Dies kannst du in einfachen Schritten anhand deines bisherigen Profils erledigen. Auf dieser Seite kannst du einige Infos zu dir selbst preisgeben aber vor allem auf deine Dienstleistungen aufmerksam machen. Lade Freunde und Bekannte ein, deine Seite zu liken und sorge damit für Reichweite. Bitte alle Kunden, egal ob du ihnen über ein Jobportal vermittelt wurdest, oder sie selbst akquiriert hast, um eine Bewertung auf deiner Facebook-Seite. Dies hilft neuen potentiellen Kunden wiederum bei ihrer Entscheidung, dich für Jobs zu beauftragen. Es gibt einige Facebook-Gruppen, in welchen immer wieder virtuelle Assistenten gesucht werden. Suche einfach nach „VA" oder „virtuelle Assistenten" und bewirb dich auf ausgeschriebene Jobs.

Neben einer Facebook-Seite kannst du dir natürlich auch eine eigene Webseite erstellen bzw. erstellen lassen. Dort kannst du ebenfalls ein Portfolio anfertigen und auf deine Referenzen hinweisen. Es gibt also einige Möglichkeiten, an Aufträge zu kommen, um als virtuelle Assistentin online Geld zu verdienen.

Welche Tätigkeiten kann ich als virtuelle Assistentin anbieten?

Die Tätigkeitsbereiche einer virtuellen Assistentin sind sehr vielfältig. Ohne große Vorkenntnisse kannst du problemlos Recherchetätigkeiten oder Datenpflege für Kunden übernehmen aber auch die Termin- oder Reiseplanung ist eine Möglichkeit. Zählt zu deinen Stärken das Schreiben, kannst du Texter-Aufträge annehmen, Blogbeiträge und Newsletter schreiben oder Texte korrigieren/lektorieren. Was sehr häufig gesucht wird, sind Social-Media-Manager. Das heißt, du bist dafür zuständig, regelmäßig Beiträge auf Facebook und anderen sozialen Netzwerken zu veröffentlichen. Wenn du verschiedene Sprachen beherrschst, kannst du auch Übersetzungen anbieten. Ebenfalls werden oft helfende Hände gesucht, um Blogartikel bei WordPress einzupflegen oder sogar Webseiten zu erstellen. Wie du siehst, ist tatsächlich für jeden Bereich etwas dabei und du hast sehr viele Möglichkeiten, damit online Geld zu verdienen.

Was sind die Vorteile einer virtuellen Zusammenarbeit?

Eine virtuelle Zusammenarbeit bringt für deinen Kunden einige Vorteile. Entgegen eines Angestelltenverhältnisses entfallen die monatlichen Lohnnebenkosten sowie Krankheits- und Urlaubstage. Einer virtuellen Assistentin muss auch kein Büroarbeitsplatz zur Verfügung gestellt werden und sie wird nur nach tatsächlich geleisteten Arbeiten entlohnt. Zudem kann der Kunde für jedes Tätigkeitsfeld entsprechend seine Aufgaben an verschiedene virtuelle Assistentinnen auslagern. Für dich selbst liegen die Vorteile auf der Hand. Du kannst arbeiten wann und von wo du möchtest, kannst Aufträge sogar im Schlafanzug erledigen und dein Arbeitsweg entfällt. Du bist nicht mehr gezwungen, von 9 bis 17 Uhr deine Zeit im Büro abzusitzen. Zudem kannst du dir deine Kunden und sogar die Arbeiten selbst aussuchen. Vor allem für Mamis ist es eine perfekte Gelegenheit, online und von Zuhause Geld zu verdienen. Aber auch, wenn du von der Reiselust infiziert bist und am liebsten das ganze Jahr um die Welt reist, kannst du als virtuelle Assistentin jederzeit für ein Einkommen sorgen.

Outsourcing spielt in der zunehmend digitalisierten Unternehmerwelt eine immer größere Rolle. Das heißt, zeitintensive Aufgaben werden ausgelagert, um den Fokus auf die gewinnbringenden Unternehmensaufgaben zu setzen. Nutze diese Ära also, um selbständig als virtuelle Assistentin tätig zu werden. Die Nachfrage ist groß, du findest sicher ein für dich optimales Tätigkeitsfeld und kannst dich zudem ständig weiterentwickeln.

Bonus 1

Stundensatz ermitteln

Schaut man sich im Dienstleistungssektor etwas um, wird man erkennen, dass für die gleiche Leistung die Preisspannen sehr weitreichend sind.

Manche Freiberufler und Selbstständige bieten ihre Dienstleistungen zu Preisen an, die fernab einer anständigen Kalkulation liegen. Warum ist das so? Verkaufen sich diese Dienstleister unter Wert, um sich gegen die breite Konkurrenz zu behaupten oder sind ihnen einfach die Themen „Stundensatz berechnen“ und Preiskalkulation Fremdwörter?

Realistisch betrachtet, können etliche Freiberufler und Selbstständige kaum ihre laufenden Kosten decken, Auftragsflauten ausgleichen, geschweige denn Rücklagen für Altersvorsorge, Krankheitsfälle oder Urlaub bilden können.

Die Frage, die man sich als Dienstleister, Freiberufler und Selbstständiger stellen sollte, ist die, ob man ein angemessenes Gehalt für seine Arbeit erhalten möchte oder sein Dasein mit einem Hilfsarbeiterlohn fristen möchte.

SO ERMITTELST DU DEINEN PREIS ALS DIENSTLEISTER

Um den Stundensatz zu berechnen, solltest du die 7 goldenen Regeln kennen. Diese sind:

- deine Einnahmen müssen größer als die Ausgaben sein
- dein Gehalt darf nicht unter dem Durchschnittsgehalt eines Angestellten liegen
- kalkuliere die Kosten der Sozialversicherung mit in deinen Stundensatz
- niemand kann 365 Tage im Jahr arbeiten
- deine Kosten müssen ebenfalls in den Stundensatz eingerechnet werden
- kalkuliere unproduktive Zeiten in deinen Stundensatz ein
- ein Unternehmer braucht einen Gewinn

Die Einnahmen müssen größer als die Ausgaben sein

Der Stundensatz eines Selbstständigen oder Freiberuflers muss sich sowohl gegen die Konkurrenz behaupten können, aber auch ein gutes Einkommen erzielen. Und dieses Einkommen sollte so hoch sein, dass auch in „auftragsruhigen" Zeiten der Lebensunterhalt gesichert ist.

Daraus lässt sich für dich ableiten, dass deine Einnahmen größer als die Ausgaben sein müssen!

Vielleicht sieht es für viele Selbstständige so aus, als seien die Einnahmen größer als die Ausgaben. Doch oftmals werden beim Stundensatz berechnen Kosten schlichtweg vergessen - weil sie einfach im Auge des Selbstständigen gar nicht relevant sind. Die Folge: der zu geringe Stundensatz bringt vielleicht Aufträge und ausreichend Arbeit ein, doch um davon gut leben zu können und die laufenden Kosten auch in Auftragsflauten bewerkstelligen zu können? Weit gefehlt.

Dein Gehalt darf nicht unter dem Durchschnittsgehalt eines Angestellten liegen

Ein sinnvoller Ansatz für die Berechnung des Stundenlohns eines Freelancers oder Selbstständigen ist der Durchschnittsverdienst eines Angestellten in Deutschland. Allerdings reicht es nicht aus, wenn du das **durchschnittliche Monatseinkommen eines Angestellten** durch die monatliche Anzahl an Stunden dividierst, um einen Anhaltspunkt für deinen Stundensatz zu berechnen.

Kalkuliere die Kosten für Sozialversicherung mit ein!

Der Arbeitgeber eines Angestellten zahlt für den Mitarbeiter seinen Arbeitgeberanteil zur Krankenversicherung, Pflegeversicherung, Unfallversicherung, Rentenversicherung und Arbeitslosenversicherung. In der Summe sind dies etwa 20 Prozent, die mit in deine Kalkulation des Stundensatzes einfließen müssen.

Liegt das Bruttogehalt eines Angestellten bei 3.500 Euro, trägt der Arbeitgeber die knapp 20 % (in dem Fall 700 Euro). Für dich bedeutet dies, dass die 700 Euro als „Zugabe" auf die 3.500 Euro gerechnet werden.

Niemand kann 365 Tage im Jahr durcharbeiten

Oh, mit dem Wissen aus der Tabelle kann man ja ganz einfach den Stundensatz berechnen: 4.200 Euro mal 12 Monate geteilt durch 365 Tage und dieses Ergebnis geteilt durch 8 Stunden – daraus ergibt sich ein Stundensatz von 17,26 Euro.

Diese Berechnung ist ganz klar falsch – denn niemand kann 365 Tage im Jahr durcharbeiten. Klar, viele Freelancer und Selbstständige nutzen das Wochenende oder den Feiertag, um Liegengebliebenes aufzuarbeiten, die Buchhaltung zu machen oder sich auf neue Projekte vorzubereiten. Aber auch Selbstständige brauchen hin und wieder mal Urlaub, werden mal krank. Je nach Dienstleistungszweig steht ab und an eine Weiterbildung an – Zeit, in der man nicht arbeiten kann. Und genau diese Leerzeiten müssen ebenfalls in der Kalkulation des Stundensatzes Berücksichtigung finden.

Doch wie berechnest du dann deinen Stundensatz?

Als erstes musst du die Anzahl der Arbeitsstunden eines Durchschnittsmonats ermitteln. Von den 365 Tagen pro Jahr werden die Wochenendtage abgezogen, dann die Feiertage, Urlaub und einige kalkulatorische Krankheitstage, eventuell Zeiten für Weiterbildungen. Das Ganze sieht dann so aus:

365 Kalendertage

104 Tage für die Wochenenden

13 Feiertage (zwischen 9 und 16 Tage)

28 Urlaubstage (zwischen 25 und 30 Tage)

5 Krankheitstage

5 Weiterbildungstage

ergibt 210 Arbeitstage pro Jahr. Auf den Monat heruntergerechnet, ergeben sich so 17,5 Arbeitstage.

Deine Kosten müssen mit in den Stundensatz eingerechnet werden

Mit dem genannten Wissen kannst du zwar einen Stundensatz berechnen, allerdings stimmt dieser immer noch nicht! Es fehlen die Kosten, die als Freelancer oder Selbstständiger auf dich zukommen. Als Angestellter sitzt du im Büro, bekommst deine Arbeitsmaterialien vom Arbeitgeber zur Verfügung gestellt. Als Selbstständige oder Selbstständiger musst du allerdings selbst dafür sorgen. Das heißt, die Kosten für Computer, Telefon, Internet,

Büro- und Geschäftsausstattung, Software, Miete, Strom, Wasser, Versicherungen und vieles mehr müssen in der Stundensatzberechnung berücksichtigt werden. Pro Monat können da schnell 1.300 Euro an Kosten auf dich zukommen. Klingt vielleicht recht hoch, doch oftmals muss man feststellen, dass man gar nicht so weit von diesen Werten entfernt ist.

Ausgehend vom Bruttogehalt von

3.500 Euro plus

700 Euro AG-Anteil für Pflege- und Krankenversicherung und

1.300 Euro Fixkosten

ergibt sich ein monatlicher Betrag von 5.500 Euro.

Dieser Wert auf die ermittelten Arbeitstage umgerechnet, kommst du auf einen Tagessatz von 314,29 Euro. Daraus resultiert ein Stundensatz von 39,29 Euro, wenn wir von 8 Stunden Arbeitszeit ausgehen.

Unproduktive Zeiten berücksichtigen und einkalkulieren

Bist du während deiner Arbeitszeit immer produktiv? Als Selbstständiger eine Produktivität von 100 Prozent zu erreichen, ist fast unmöglich. Zeiten für Akquise, Angebotserstellung, Marketing und administrative Tätigkeiten müssen ebenfalls in die Berechnung des Stundensatz eines Selbstständigen einfließen.

Man geht von einer Produktivität von 66,7 % der Arbeitszeit aus, so dass wir statt der 17,5 Tage nur noch 11,7 Tage erhalten. Daraus resultiert ein Stundensatz von 58,76 Euro Netto.

Jeder Selbstständige braucht einen Gewinn!

Der Stundensatz von 58,76 Euro ist ganz beachtlich, doch ein wichtiger Faktor fehlt noch dabei - der Gewinn! Mit diesem Gewinn ist es dir als Selbstständige oder Selbstständiger möglich, Rücklagen zu schaffen und Durststrecken, Krankheitstage und Urlaub „aufzufangen". In der Regel wird der Gewinn mit 15 % kalkuliert, wobei sich die 15 % auf die Einnahmen und nicht auf die Kosten beziehen. Das heißt, der Stundensatz muss durch 0,85 geteilt werden, so dass die Berechnung des Stundensatzes so aussieht:

5.500 Euro *geteilt durch*

11,7 Arbeitstage *geteilt durch*

8 Stunden *geteilt durch*

0,85 als Gewinnfaktor

= 69,13 Euro pro Stunde

EINKOMMENSVERHÄLTNISSE SOLIDE GESTALTEN

Die Berechnung des Stundensatzes ist demnach gar nicht so einfach. Es bedeutet nicht nur, die tatsächlichen Kosten zu erfassen, sondern auch Steuern, Investitionen und Abgaben. Bedenke auch, dass du deine Kosten decken musst, wenn die Auftragslage dürftig ist. Ich hoffe ich konnte dir in diesem Kapitel eine gewisse Art der Hilfestellung geben, die dir die Berechnung deines Stundensatzes erleichtern. Wie du sehen konntest, müssen viele Faktoren berück-

sichtigt und kalkuliert werden. Hast du das alles gewusst? Und hast du deinen Stundensatz korrekt ermittelt?

Bonus 2

Solopreneur werden

In der deutschen Startup Szene geistert in letzter Zeit immer häufiger ein Wort umher, von dem nur wenige wissen, was es überhaupt bedeutet: Solopreneur. Es wird leichtfertig verwendet, ohne dass Abgrenzungen zu anderen - eher bekannten - „Berufsbezeichnungen" vorgenommen werden. Eine Solopreneur ist nämlich weder ein Entrepreneur, noch ein Freelancer. Es gibt Unterschiede, die bei näherem Hinsehen offensichtlich werden und vielleicht ist das Arbeitsmodell bzw. das Geschäftsmodell eines Solopreneurs genau das richtige für dich. Finde es heraus bzw. übernimm einige Aspekte dieser Unternehmerform, um dich und dein Business erfolgreicher zu machen.

„Solo“ und „Entrepreneur“ – ein Solopreneur!

Das Wort „Solo“ bedeutet so viel alleine und was ein Entrepreneur ist, das sollte den meisten bekannt sein. Du weißt, dass es so etwas wie Freelancer gibt, die oft alleine arbeiten und so ihr Geld im Dienstleistungsbereich verdienen. Ein klassisches Beispiel sind Werbetexter, die ihr Geld verdienen, indem die Text für andere Leute / Projekte schreiben.

Was den Solopreneur vom Freelancer unterscheidet ist, dass er nicht fremden Projekten arbeitet, sondern an seinen eigenen. Ein weiteres wichtiges Merkmal ist, dass dein Unternehmen – wenn du ein Solopreneur bist – auf einem skalierbaren Geschäftsmodell gründet und dein höchstes Ziel ist, irgendwann ein passives Einkommen zu generieren. Du hast dabei weniger Kontakt zu Kunden (im Vergleich zu einem Freelancer, der die gesamte B2B oder B2C Kommunikation übernimmt).

Um es also für dich kurz und knapp zu definieren: Als Solopreneur arbeitest du für deine eigenen Projekte, dabei kommen Produkte heraus, die du wiederrum für Geld verkaufen kannst. Dabei tauschst du deine Zeit nur indirekt gegen Geld, da du mit Zeit ein Produkt schaffst, welches du vielfach verkaufen kannst, sodass die Zeit-Gewinn-Spanne exponentiell verläuft.

Ist das unbedingt besser?

Man kann nicht mit Sicherheit sagen, dass diese Vorgehensweise die Beste ist. Es klingt in der Theorie so „einfach“ und scheint, als würde die Sache von selbst laufen, wenn du erst einmal ein Produkt erstellt hast. Das ist aber nicht so, da die Leute dein Produkt kaufen müssen und es sich gut vermarkten musst. Auch für die Vermarktung kannst du mitunter verantwortlich sein, was in manchen Nischen einen enormen Aufwand mit sich bringt.

Solltest du es dann aber einmal geschafft haben ein Produkt auf dem Markt zu etablieren, ist es eine gute Sache, um „passiv Geld“ zu verdienen. Passiv ist hierbei nur semi-korrekt, da du ja trotzdem laufend Arbeit hast und am Anfang überproportional viel Zeit investiert hast, um das Produkt zu erstellen - ohne dass du wusstest, ob es überhaupt erfolgreich wird.

Im Endeffekt ist das Wichtigste, dass du Spaß bei der Arbeit hast und diese Tätigkeit kann unter Umständen ganz schön frustrierend sein. Du kannst zwar dein Arbeitspensum selbst bestimmen, bist aber gleichzeitig auch ganz alleine für deine Erfolg und Misserfolg verantwortlich.

Was macht ein Solopreneur?

Es wurde bereits von einem skalierbaren Geschäftsmodell gesprochen. Dieses etwas kryptisch klingende Wort bedarf einer Erläuterung. Damit sind nämlich solche Geschäftsmodelle gemeint, bei dem du einmal Zeit investierst, um ein Produkt zu entwickeln, welches du dann beliebig oft verkaufen kannst.

Es wird dir wahrscheinlich verständlicher, wenn du dir die folgenden Beispiele anschaust. Typische skalierbare Produkte bzw. Geschäftsmodelle sind:

- Online-Kurse (Video-Kurse etc.)
- Bücher (Offline- und Onlinevertrieb)
- E-Books
- Usw.

Doch das, was es so schwer macht, als Solopreneur erfolgreich zu sein, ist, dass du dich dabei selbst als Marke verkaufen musst. Wenn du das nicht tust, kannst du dir keine Reputation aufbauen, die dafür sorgt, dass man dich als Experten ansieht. Und sieht man dich nicht als Experten an, werden die meisten Menschen es nicht als legitim empfinden für ein – von dir erstelltes – „Expertise"-Produkt Geld zu bezahlen.

Menschen lernen von Menschen, die etwas besser beherrschen als sie selbst. Deine Aufgabe ist es also, ihnen zu zeigen, dass du in deinem Bereich Profi bist, der nun sein Wissen zu einem vergleichsweise geringen Gegenwert (Geld) mit ihnen teilt.

Wie verkaufst du dich selbst als Marke?

Um dich als Marke verkaufen zu können, musst du dich der Öffentlichkeit präsentieren und dabei zeigen, dass du etwas gut kannst. Es ist wichtig, dass du wahrgenommen wirst. Dabei solltest du versuchen dein Geschäftsmodell so „schmal" wie möglich zu halten. Das bedeutet konkret, dass du versuchen solltest kein Fremdkapital in Anspruch zu nehmen, da es deine zukünftige Entwicklung hindern kann und dich im schlimmsten Fall von einem Geldgeber abhängig macht.

Kommunikationswege eines Solopreneurs

Im digitalen Zeitalter hast du die unterschiedlichsten Möglichkeiten mit deiner Zielgruppe zu interagieren. Es ist wichtig, dass du deine Zielgruppe kennst, da Schüsse ins Leere nie das Ziel treffen und unnötig Ressourcen fressen. Wenn du selbst keine Ahnung von „Targeting" und ähnlichen Dingen aus dem Bereich des Marketings hast, lohnt es sich oft diesen Bereich out-zu-sourcen.

Im besten Fall findest du einen Experten, der diese Arbeit auf Erfolgs-Provisions Basis macht. Das bedeutet, dass er nur dann Geld verdient, wenn er mit dem, was er tut, auch erfolgreich ist. So minderst du die Kosten - gleichzeitig wirst du aber einen prozentualen Anteil deiner Gewinne abgeben müssen. Aber besser weniger Gewinn, als kein Gewinn.

YouTube, Facebook, Instagram & Co.

Die sozialen Netzwerke bieten dir mehr als genug Raum, um dich als Experte zu positionieren. Du kannst beispielsweise kostenfrei einen YouTube Kanal eröffnen, auf dem du in kurzen Videos gratis Tipps gibt, die dem Zuschauer bei seinen Fragen und Problemen helfen. Gleiches gilt, wenn du dein Produkt - oder besser deine Fähigkeiten - **auf Facebook oder Instagram in Form von Ads** bewirbst. Es ist immer ein Vorteil, wenn du zuerst Mehrwert bietest, da die Zielgruppe dann auch interessierter an weiterführenden Infos ist, für die du dann im Gegenzug Geld verlangen kannst.

Fazit: Du arbeitest selbst und ständig

Das Geschäftsmodell des Solopreneurs ist kein Selbstläufer. Mit einem guten Produkt ist es noch nicht getan und ohne Verkäufe erzielst du keinen Gewinn. Das muss dir klar sein. Vielleicht bist du eher ein Team-Player. Dann ist dieser Unternehmerform wahrscheinlich nicht das Optimale für dich.

Wenn du es schaffst dich als Marke zu verkaufen und erfolgreich Vertriebswege findest, dann kann dieses

Geschäftsmodell aber auch zur Goldgrube für dich werden und du kannst am Ende des Tages mit vergleichsweise wenig Aufwand viel Geld verdienen. Bis dahin ist es aber ein langer und schwerer Weg, bei dem du immer wieder Rückschläge erleiden wirst – die Frage ist, ob du bereit bist, diesen Weg zu gehen?

Bonus 3

Steuerberater - lohnt er sich für mich?

Ein Steuerberater kostet Geld – Grund genug für viele, sich an der Steuererklärung selbst zu versuchen. Doch das ist nur kurzfristig eine Einsparung – langfristig hilft der Steuerberater, diverse Steuergelder zu sparen, da er sich mit der Materie auskennt und zudem beratend einwirken kann, bevor Investitionen getätigt werden. Nicht zuletzt spricht für die Inanspruchnahme eines Steuerberaters: Du kannst in den vielen Stunden, die du über den Steuerunterlagen sitzt, lieber in deinem Kerngeschäft tätig sein und Geld verdienen.

Steuerberater ist bei allem rund um die Finanzen tätig

Beim Thema Steuerberater denkst du an die Steuererklärung, das ist klar. Doch er macht viel mehr, wenn er für ein Unternehmen gebucht wird. Er kann rund um alle finanziellen Belange beratend tätig werden – häufig mit immensen finanziellen Erfolgen für den Unternehmer. Und auch Arbeitskräfte in der Verwaltung können mit Hilfe des Steuerberaters eingespart werden, denn auf Wunsch kann er die gesamt Finanz-und Personalbuchführung übernehmen, einschließlich der **Bilanz oder der Einnahme-Überschuss-Rechnung (je nach Größe des Unternehmens).**

Wichtig: die Prüfung

Auch Finanzbeamten unterlaufen Fehler – und das ist gar nicht so selten. Deshalb kann es durchaus lohnend sein, den Steuerbescheid zu überprüfen, und zwar mit geschultem Auge. Der Steuerberater übernimmt auch diese Arbeit und legt Widerspruch ein, sofern dies nötig erscheint.

Wichtig für Existenzgründer

Der Steuerberater wird nicht nur für dich tätig, wenn dein Geschäft bereits läuft. Ganz im Gegenteil: Er kann dir unter die Arme greifen, wenn du startest. Alles rund um die Gründung, die Beantragung von Fördermitteln und Kredite ist ein weites Feld, auf dem man sich nur schwer als Existenzgründer zurechtfindet. Auch hier ist der Steuerberater ein buchstäblicher BERATER. Allein schon die Frage der Rechtsform für das neue Unternehmen sollte mit fundiertem Wissen und Berufserfahrung getroffen werden. Beides fehlt dem Jungunternehmen Gebiet zumeist – der Steuerberater kann hier alle Vor-und Nachteile aufzeigen.

Die Umsatzsteuervoranmeldung

Ein ganz wichtiger Aspekt eines Unternehmers ist die Umsatzsteuervoranmeldung. Sie ist für Existenzgründer Neuland im wahrsten Sinn des Wortes. Denn im Gegensatz zu einer privaten Steuererklärung muss ein Unternehmen im Voraus einen geschätzten Betrag über das Jahr verteilt zahlen – dieser ergibt sich aus der von den Kunden vereinnahmten Mehrwertsteuer und der selbst an andere Unternehmer gezahlten. Hier ist die Beratung ganz besonders wichtig, denn Fehler können fatale Folgen haben – bis hin zu handfesten Problemen mit dem Finanzamt.

Die Kosten für die Beratung

Dass der Steuerberater Geld kostet, ist klar – doch wieviel? Anders als in der freien Wirtschaft kann ein Steuerberater nicht einfach einen Kostenvoranschlag nach Gutdünken erstellen. Er ist an die Vergütungsverordnung gebunden. Doch es gibt einen gewissen Spielraum, in dem sich der Berater bewegen kann. Das heißt, er kann je nach Aufwand den Mindest- oder Höchstbetrag, der vorgesehen ist, einfordern. Hier kannst du selbst tätig werden. Übergibst du der Steuerkanzlei geordnete Unterlagen, mit denen der Berater gut und übersichtlich arbeiten kann, wird er dies sicher bei der Rechnungslegung berücksichtigen.

Die Gebühren für die Steuererklärung richten sich nach dem Umsatz, den du erzielst. Das ist insofern gerecht, als dass der Steuerberater in gewisser Weise an deinem Erfolg beteiligt wird, für den er ja ebenfalls gearbeitet hat.

Kosten für die Steuererklärung sind Kosten für die Steuererklärung

Das Wortspiel hat einen paradoxen Hintergrund: die Kosten, die dir entstehen, weil du die Steuererklärung samt aller dazugehörenden Unterlagen erarbeiten lässt, um sie dem Finanzamt abzugeben, tauchen in der Steuererklärung des aktuellen Jahres wieder auf: und zwar auf der Kostenseite, also der, die deinen zu versteuernden Gewinn minimiert.

Sämtliche Kosten für die steuerliche Beratung sind also **als Kosten des Unternehmens absetzbar.**

So findest du den richtigen Steuerberater

Einen Steuerberater zu finden, mit dem die „Chemie" stimmt, ist nicht ganz einfach. Denn so unbestechlich Zahlen auch sind; viel hängt von der Sympathie ab. Ein vertrauensvolles Verhältnis zu demjenigen, der in allen Fragen der Existenzgründung und der Finanzen des Unternehmens als erster Ansprechpartner fungiert, sollte gegeben sein.

Da Steuerberater nicht wie ein wirtschaftliches Unternehmen für sich werben dürfen, ist es mitunter nicht ganz einfach, den Passenden zu finden. Allerdings gibt es Anzeigen, die sachlich über die Tätigkeit informieren. Am besten funktioniert jedoch die Mund-zu-Mund-Propaganda. Frage einfach Geschäftsfreunde, wem sie ihr Vertrauen schenken, und lass dir in der Kanzlei einen Termin für ein Kennenlerngespräch geben.

Das leistet ein guter Steuerberater

Ein guter Steuerberater, mit dem du dich auch gut verstehst, mit dem also ein vertrauensvolles Geschäftsverhältnis besteht, wird dir nicht nur alle Formulare, Anträge und Finanzdokumente bearbeiten.

Vielmehr hat er die Möglichkeit, durch gute Beratung und Hineindenken in deine Unternehmensstrategie die eine oder andere Variante ins Blickfeld zu rücken, mit der die steuerliche Belastung langfristig gesenkt werden kann. Er rät also zu bestimmten Investitionen, zu einem dafür günstigen Zeitpunkt oder besorgt sich Informationen zu deinem Gewerbe, die ihm selbst nicht vertraut sind.

Nicht zuletzt: Wie oben beschrieben, kann der Finanzbeamte, der deine Erklärung bearbeitet, auch mal einen Fehler machen. Widerspricht dein Steuerberater, und die Tatsachen sind eindeutig geklärt, wird der Bescheid berichtigt. Es kann jedoch auch sein, dass ein Verfahren eröffnet wird, da die Streitigkeit nicht beigelegt werden kann. Auch in diesem Fall ist der Steuerberater an deiner Seite. Er ist zwar kein Rechtsanwalt; die meisten Kanzleien arbeiten jedoch mit Juristen zusammen.

Auch steht dir der Steuerberater zur Seite, wenn eine Steuerprüfung ansteht. Bei Existenzgründern ist dieses Szenario zwar unwahrscheinlich, aber ist man erst einmal einige Zeit steuerpflichtig, kann es durchaus sein, dass die Finanzbeamten in deinen Unterlagen nach Beweisen, Dokumenten, Rechnungen, Quittungen und Ähnlichem suchen. Eigentlich ist bei korrekter Buchhaltung das allein kein Grund zur Panik. Aber die meisten haben doch Bedenken, wenn sich eine solche Prüfung ankündigt. Dann ist es sehr beruhigend, wenn man den Steuerberater an seiner Seite hat und dieser im günstigsten Fall sogar die Angaben an das Finanzamt selbst in deinem Auftrag gemacht hat. Denn dann steckt er „in deiner Materie" und kann alle Fachfragen beantworten. In diesem Fall bist du die Prüfer meist schnell wieder los – und sie bescheinigen dir eine tadellose Buchhaltung samt Steuerunterlagen.

Fazit:

Ein Steuerberater ist für Selbstständige und vor allem auch für Existenzgründer gut angelegtes Geld. Die Beratung und die Gewissheit, einen Fachmann an seiner Seite zu haben, sind den Rechnungsbetrag allemal wert.

Bonus 4

Gründen aus der Arbeitslosigkeit - Das musst du beachten

Für die meisten Menschen ist es keine sehr angenehme Lebenssituation, wenn sie von Arbeitslosigkeit betroffen sind. Du gehörst sicher auch zu den Menschen, die lieber wieder am Arbeitsmarkt aktiv werden würden. Arbeitslosigkeit ist etwas, was jeden von uns innerhalb kurzer Zeit und oftmals sehr unvermittelt treffen kann. Doch wer erst einmal arbeitslos ist, der muss sich einiges einfallen lassen, um diesen Zustand wieder zu ändern. Nicht jeder schafft das und viele ergeben sich ihrem Schicksal. Doch es gibt auch einige Menschen, die sich nicht geschlagen geben, sich nicht entmutigen lassen und die Arbeitslosigkeit auch als eine Art Wendepunkt in ihrem Arbeitsleben sehen, so wie dies nun bei dir auch der Fall ist. Wenn du dich immer intensiver mit dem Gedanken beschäftigst, den Weg aus der Arbeitslosigkeit in die Selbständigkeit zu gehen, dann erfährst du in diesem Artikel wie auch du es schaffen kannst!

Gründen ohne Startkapital - ist das möglich?

Das du aus der Arbeitslosigkeit heraus ein Unternehmen gründen kannst, die dich nichts kostet, kannst du gleich mal vergessen. Wer das behauptet, der ist ein Märchenerzähler. Es mag zwar stimmen, dass du je nach Idee für die Gründung, nur wenige und kleine Investitionen tätigen musst, aber du musst bedenken, dass gerade am Anfang noch mit sehr wenig und geringen Einkünften zu rechnen ist. Parallel hast du aber auch die laufenden Kosten zu bedienen. Für viele ist hier schon ein Punkt erreicht, um die Flinte ins Korn zu werfen und sich von den Plänen der Selbständigkeit abzuwenden. Doch das musst du nicht tun und wir helfen dir mit nützlichen Tipps, wie du es schaffen kannst.

Zu einer erfolgreichen Gründung gehört ein guter Plan

Ein Schritt in die Selbständigkeit und die Gründung eines Unternehmens ist nicht einfach und für arbeitslose Gründer sogar noch ein bisschen schwerer. Doch wenn du mit einem wirklichen Plan an die Sache herangehst, dann wirst du es auch schaffen. Du musst dir einen Schlachtplan vornehmen, der im wesentlichen drei Schritte enthält:

- Du brauchst einen tragfähigen Business-Plan
- Du musst die Finanzierung deines Lebensunterhalts während der Gründungsphase sicherstellen
- Du musst die erforderliche Finanzierung für dein Gründungsvorhaben beantragen

Das gute daran ist, dass du für alle drei wichtigen Schritte nicht allein gelassen wirst und du Hilfe in Anspruch nehmen kannst. Gehen wir aber alle drei Schritte mit dir mal gemeinsam durch und zeigen dir genau, auf was du achten musst, wo du Hilfe bekommst und welche Stolperfallen auf dich warten.

Der erste Schritt: Der Business-Plan

Gleich zu Beginn dieses Abschnittes möchten wir dich darauf hinweisen, dass es für die Erstellung deines Business-Planes eine Anlaufstelle gibt, wo du Unterstützung und Hilfe bekommst. Bei der Arbeitsagentur gibt es die sogenannte Anlaufstelle für Existenzgründer. Es gibt hier zwar immer wieder Bemerkungen und Kommentare, dass dort die Qualität der Beratung nicht sonderlich gut ist. Davon solltest du dich aber nicht beirren lassen und diese Beratung auf jeden Fall in Anspruch nehmen. Du musst dir bewusst sein, dass gerade bei dir als Existenzgründer aus der Arbeitslosigkeit heraus zwei wichtigen Hürden genommen werden müssen.

- Von deinem Businessplan hängt ab, ob es eine positive Entscheidung deiner Bank gibt, dein Vorhaben zu finanzieren

- Von deinem Business-Plan hängt ab, wie die Entscheidung der Förderung für deine Existenzgründung durch Arbeitsagentur bzw. ARGE ausfällt

Du musst dir aber auch darüber klar sein, dass ein Bankberater deinen Business-Plan mit anderen Augen liest, als dies ein ein sogenannter Fallmanager bei der Arbeitsagentur macht. Aus deinem Business-Plan muss deshalb eindeutig hervorgehen, dass du persönlich für deinen Plan zur Existenzgründung auch geeignet bist. Gerade deshalb, sollte diese genannte Beratung auch in Anspruch genommen werden. Du bekommst hier wichtige Dinge vermittelt:

- welche Zweifel bzgl. deiner persönlichen Eignung für die Selbständigkeit musst du im Businessplan möglicherweise beseitigen

- welche möglichen persönlichen Eigenschaften von dir sollten im Business-Plan besonders hervorgehoben werden

Der zweite Schritt: Beantrage Leistungen zur Sicherheit deines Lebensunterhaltes

Welche Leistungen du zur Sicherung deines Lebensunterhaltes beantragen kannst, hängt davon ab, ob du im Moment ALG I oder ALG II (auch Hartz IV genannt) beziehst. Ansprechpartner für dich ist in beiden Fällen der gleiche, doch die Leistungen, die du beantragen kannst, die unterscheiden sich für dich.

<u>Was ist wichtig für dich, wenn du ALG I bekommst:</u>

- Bekommst du ALG I, dann besteht für dich die Möglichkeit, den sogenannten Gründerzuschuss zu erhalten. Vielleicht kennst du ja noch diese im Sprachgebrauch bekannte „ICH-AG“. Damals gab es eine Kombination aus Existenzgründungszuschuss und Überbrückungsgeld. Ab dem Jahr 2006 wurde dies dann allerdings vom „Gründerzuschuss“ abgelöst.

- Verlasse dich nicht auf den Hinweis, dass du für diesen Zuschuss einen rechtlichen Anspruch hast. Der ist mehr oder weniger nur theoretisch, denn Voraussetzung für den Gründerzuschuss ist einzig und allein deine persönliche Eignung für eine Existenzgründung.

- Die Höhe der Leistung setzt sich zusammen aus der Höhe deines ALG I welches du beziehst und zusätzlichen 300 Euro, die für die soziale Absicherung gedacht sind. Diese Leistungen kannst du neun Monate in Anspruch nehmen. Zeigt sich nach Ablauf der neun Monate, dass du mit deiner Existenzgründung in der richtigen Spur bist und du auf einem erfolgreichen Weg, kannst du die 300 Euro noch einmal für einen Zeitraum von drei Monaten beantragen.

- Du kannst diese Förderung nur dann in Anspruch nehmen, wenn du schon arbeitslos bist. Weißt du beispielsweise, dass du nächsten Monat oder in zwei Monaten arbeitslos wirst, dann kannst du diesen Gründerzuschuss nicht beantragen. Du musst also zwingend vor der Beantragung schon ALG I beziehen und sei es erst seit einem Monat.

- Du darfst dir mit dem Antrag aber auch nicht zu viel Zeit lassen. Wenn du dich selbständig machen willst, dann musst du noch mindestens 90 Tage Anspruch auf ALG I haben. Also denke bitte daran, rechtzeitig vor dieser Frist deinen Antrag einzureichen

<u>Was ist wichtig für dich, wenn du ALG II bekommst:</u>

- Wenn du ALG II bekommst, kannst du den Antrag auf Gründerzuschuss ebenfalls stellen. Es besteht aber hier kein Rechtsanspruch für dich. Das bedeutet, dass hier auch bei einer persönlichen Eignung für die Selbständigkeit eine Absage erteilt werden kann. Da reicht dann bereits aus, dass die ARGE mitteilt, dafür kein Budget mehr zu haben.

- Beim Bezug von ALG II besteht für dich im Gegensatz zum ALG I keine zeitliche Begrenzung der Wochenarbeitszeit. Diese liegt bei 15 Stunden. Für dich bedeutet das konkret, dass du mit deiner Existenzgründung einfach loslegen kannst und alle Zeit in dein Vorhaben stecken kannst. Bei ALG I würdest du die Bezüge verlieren, wenn du mehr als 15 Stunden in der Woche deine Existenzgründung vorbereitest. Du musst aber beachten, dass du alle Einnahmen, die du in dieser Zeit erwirtschaftest, auch melden musst, weil dein Leistungsanspruch dann entsprechend nach unten gesenkt wird.

- Brauchst du für deine Gründung zusätzliche Geldmittel, so kannst du als Empfänger von ALG II nur das sogenannte Einstiegsgeld beantragen. Dieses wird in der Regel dann gewährt, wenn bei dir die große Chance besteht, dass auf längere Sicht kein ALG II mehr an dich gezahlt werden muss. Dieses Einstiegsgeld gibt es übrigens auch dann, wenn wieder ein Einstieg in eine sozialversicherungspflichtige Tätigkeit vorgenommen wird.

Du musst dir über einen Punkt sehr bewusst sein. Strebst du eine Existenzgründung heraus aus ALG II an, dann hängt es leider immer von deinem Sachbearbeiter ab, wie lange er deine Bemühungen für eine Existenzgründung duldet bzw unterstützt.. Das mag jetzt hart für dich klingen, aber leider ist dies eine Tatsache. Ist der Sachbearbeiter der Meinung, dass deine Bemühungen auf Dauer nicht von Erfolg gekrönt sein werden, kann er dich jederzeit dazu verpflichten, an einer Maßnahme der Arbeitsagentur teilzunehmen und in der Regel wäre dies für dich dann auch das Ende der Unterstützung zur Förderung deiner geplanten Selbständigkeit.

Der dritte Schritt: Wie willst du notwendige Investitionen finanzieren?

Bei der Gründung heraus aus einer Arbeitslosigkeit ist die Finanzierung von notwendigen Investitionen mit Sicherheit eine der schwierigsten Hürden, die es zu überwinden gibt. Zwar stehen jedem Arbeitslosen auch alle staatlichen Förderprogramme für Existenzgründer zur Verfügung, aber die Realität sieht leider nicht so rosig aus. Welche Förderprogramme es gibt und welche für dich in Frage kommen könnten, kannst du jederzeit über die Seite des **Bundesministerium für Wirtschaft und Technologie** für dich abrufen.

Was musst du über diese Förderprogramme wissen?

- In der Regel werden diese Fördermöglichkeiten über die KfW-Bank (Kreditanstalt für Wiederaufbau) abgewickelt. Beantragt werden können die Förderprogramme aber nur über deine Hausbank, weil hier das Hausbankprinzip gilt.

- Wichtiger Faktor für die Bewilligung wird sicher deine persönliche Bonität sein. Solltest du ALG II beziehen, so werden, ganz offen gesagt, deine Chancen deutlich gemindert. Bei Empfang von ALG I sieht es hier schon deutlich besser aus.

Alternativ zu den Förderprogramme über die KfW gibt es für dich auch noch eine Finanzierungsmöglichkeit, die vor allem für kleinere Gründungsvorhaben gedacht ist. Der „Mikrokreditfonds Deutschland" vergibt Startdarlehen bis zu einer Höhe von 10.000 Euro. Hier ist auch durchaus für dich die Möglichkeit gegeben, dies mit anderen Förderprogrammen zu kombinieren.

Wichtig für dich sind bei dieser Alternative folgende Punkte:

- Zusage der Finanzierungsmöglichkeit nur bei einer positiven persönlichen Bonität

- Sicherheit, dass du das dir gewährte Darlehen auch bei einem Scheitern deiner Existenzgründung zurückzahlen kannst

Unsere Checkliste für dich zum Vorhaben „Gründen aus der Arbeitslosigkeit“

- Erstelle noch vor dem Business-Plan ein Konzept für dich. Hier solltest du vor allem die Möglichkeiten aufzeigen, wie du es schaffen willst/kannst, regelmäßige Einkünfte zu erzielen. Damit fällt dir dann auch später das Erstellen eines Business-Planes einfacher.

- Hol dir alle Informationen ein, welche für deine Existenzgründung wichtig sein können. Nimm Beratungsangebote für Existenzgründungen in Anspruch

- Du solltest dir früh genug Gedanken über deine Geschäftsform machen. Willst du eine UG oder GmbH gründen oder eine andere Form wählen. Hilfreiche Tipps kann hier ein Steuerberater geben.

- Wenn es möglich ist, solltest du nicht alles über Kredite regeln und dir einen finanziellen Freiraum schaffen.

- Schaff frühzeitig Klarheit, wie du später deine Krankenversicherung gestalten willst.

Bonus 5

Das richtige Gründer-Mindset

Mit der richtigen Persönlichkeit zum Erfolg

Braucht es eine bestimmte Persönlichkeit, um als Unternehmer erfolgreich zu sein? Und wenn ja, wie sähe die wohl aus, welche Eigenschaften und Fähigkeiten gehörten dazu, welche nicht – und was heißt überhaupt „erfolgreich"? Oder ist es vielleicht an der Zeit, mit der Vorstellung einer „Unternehmerpersönlichkeit" aufzuräumen? Was würde das dann für die modernen Gründer und das Bild von ihnen als Unternehmer bedeuten?

In jedem Fall kann es nicht der schlechteste Ansatz sein, in einem vielfältigen Umfeld wie der Gründerszene eine Begrifflichkeit genauer zu beleuchten, die vor allem zum Schwarz-Weiß-Denken animiert. „Unternehmer ist man oder eben nicht", das scheint kein Denkansatz zu sein, der dem Potenzial der Startup-Gemeinschaft heute noch gerecht werden kann.

Die Eignung zum (erfolgreichen) Gründer

Es ist nicht sonderlich schwer, selbst mit einer vergleichsweise kurzen und oberflächlichen Internet-Recherche zwischen fünf und 20 Eigenschaften zu finden, die – in weitgehendem Konsens – ein Gründer verweisen sollte. Tatsächlich ist es nicht ganz falsch, dass es für den Aufbau eines Unternehmens und dessen längerfristigen Erhalt mehr notwendig ist, als Kreativität, um sich eine spannende Geschäftsidee auszudenken. Niemand wird in Abrede stellen wollen, dass es verschiedenste Faktoren gibt, durch die ein Gründer mit seiner Art über Erfolg oder Misserfolg entscheiden kann.

Was es allerdings zu hinterfragen gilt ist, ob sich daraus schon eine Unternehmerpersönlichkeit ableiten lässt, die gewissermaßen der alleinige Maßstab für den Unternehmenserfolg ist. Dazu ist es notwendig, grundsätzlich zu klären, was genau eine Unternehmerpersönlichkeit überhaupt ist. Die Psychologie, genauer gesagt, die ökonomische Psychologie hat darunter solche Eigenschaften zusammengefasst wie Leistungsmotivation, Machtmotiv und Unabhängigkeit.

Die Überschneidungen mit der Leistungs-Motivations-Theorie, die zu Beginn der 1960er vom US-amerikanischen Verhaltens- und Sozialpsychologen David Clarence McClelland aufgestellt wurde, sind kein Zufall. McClelland ging davon aus, dass die menschliche Motivation vor allem durch drei Bedürfnisse beeinflusst wird:

- das Streben nach Erfolg
- das Streben nach Macht
- das Streben nach Zugehörigkeit

Das erste Bedürfnis umschreibt das Leistungsmotiv, das unter ökonomischen Gesichtspunkten besonders wichtig ist. Immerhin beinhaltet es etwa das Streben nach Effizienz und Nutzenmaximierung, also Eigenschaften, die ein wahrer homo oeconomicus klassischerweise vorweisen können sollte. Gleichzeitig kann man wohl davon ausgehen, dass Unternehmer hinsichtlich der beiden Ausprägungen dieses Bedürfnisses (Hoffnung auf den Erfolg, Angst vor dem Misserfolg) in erster Linie von der Erwartung des Erfolges getrieben sind.

Hinzu kommt häufig ein mehr oder weniger ausgeprägtes Machtstreben, das wie das Leistungsmotiv eine ambivalente Eigenschaft ist. So geht es zwar durchaus um Konkurrenzdenken und den Wunsch nach Überlegenheit, allerdings gehören ebenso Kooperation und Anpassung dazu. Das kann trotzdem nicht über den vorrangigen Wunsch hinwegtäuschen, einen bestimmten Grad der Kontrolle über das Verhalten anderer erlangen zu wollen.

Beinahe gegensätzlich muss es einem vorkommen, dass auch die soziale Initiative, das Streben nach Zugehörigkeit und Gesellschaft einen Teil der Unternehmerpersönlichkeit ausmacht. Natürlich ist Hierarchie- und Konkurrenzdenken nur innerhalb einer Gruppe von Menschen sinnvoll, aber für den Unternehmer geht es schließlich auch darum, die richtigen Leute zu kennen, die richtigen Netzwerke aufbauen zu können. Hierzu ist es wiederum notwendig, mit einem gewissen Hang zur Geselligkeit ausgestattet zu sein.

Wie sich das Zusammenwirken dieser Motive auf das Führungsverhalten auswirken kann, ist im Übrigen Thema einer wissenschaftlichen Untersuchung, deren Ergebnisse Marco R. Furtner vom Psychologischen Institut der Universität Innsbruck vorgelegt hat. Eine Arbeit, die für Gründer, die Mitarbeiter anleiten sollen, sicher nicht uninteressant ist.

Wo die Probleme anfangen

Schon am Beispiel von McClelland lässt sich aufzeigen, wie schwierig es werden dürfte, so etwas wie eine homogene Unternehmerpersönlichkeit zusammenzufassen. Die Auseinandersetzung offenbart nicht nur den Facettenreichtum an Eigenschaften, die es im unternehmerischen Milieu braucht, sondern auch dessen Widersprüchlichkeit.

Das wird auch kaum besser, wenn man einen anderen Ansatz zu Rate zieht, um mögliche Indikatoren für eine Unternehmerpersönlichkeit ausfindig zu machen. Dabei sind die Big Five der Persönlichkeitsfaktoren ein anerkanntes Modell, um eine umfassende Beschreibung der menschlichen Persönlichkeit zu liefern, basierend auf empirischen Untersuchungen von Persönlichkeitsmerkmalen.

Exkurs: Ausgangspunkt für den Big Five-Ansatz ist die sogenannte „lexikalische Hypothese". Nach dieser können alle wichtigen Persönlichkeitsaspekte aus den Eigenschaftswörtern einer Sprache gefiltert werden. Dazu werden diese zunächst zusammengetragen und zu einer Selbst- und Fremdbeschreibung von Personen an Studienteilnehmer weitergegeben. Mittels einer Faktorenanalyse gelangt man schließlich zu den Eigenschaftswörtern, mit denen gleiche Persönlichkeitsfaktoren umschrieben werden.

Die Big Five der Persönlichkeitsfaktoren bestehen aus:

- **Neurotizismus**, was die emotionale Stabilität beschreibt, also ob die Neigung eher zu Ruhe und Gelassenheit oder Ängstlichkeit und Traurigkeit geht.

- **Extraversion**, also die Neigung zu Geselligkeit und Optimismus.

- **Offenheit** für Erfahrung, worunter Eigenschaften wie Wissbegierde oder das Interesse an allem Neuen fallen.

- **Verträglichkeit** als sozialem Faktor, zu dem die Neigung zum Altruismus, zur Kooperation und eine gewisse Nachgiebigkeit gehören.

- **Gewissenhaftigkeit**, was mit Diszipliniertheit, einer hohen Leistungsbereitschaft und Zuverlässigkeit verbunden wird.

Das ist prinzipiell der Standard, an dem sich die Persönlichkeitsforschung orientiert, wenn auch bisweilen in Abwandlungen (zum Beispiel mit mehr oder weniger Eigenschaften). Sie haben außerdem eine gewisse Aussagekraft bezüglich des Zusammenhangs zwischen Persönlichkeit und unternehmerischem Erfolg – je höher die Werte bei Offenheit, Gewissenhaftigkeit, emotionaler Stabilität und Extraversion, so haben Beobachtungen gezeigt, desto größer ist die Wahrscheinlichkeit des Erfolges.

Die Frage, die sich nun im Zusammenhang mit den Gründern unserer Zeit stellt, ist jedoch: Sind diese nach einem klassischen Modell, wie dem von Joseph Schumpeter, überhaupt noch als Unternehmer nach dessen Verständnis durch? Oder anders gefragt: Was hatten Schumpeters Unternehmer, was heutige Gründer womöglich nicht mehr haben?

Gemäß der Theorie des in Österreich geborenen Ökonomen zeichnet sich ein dynamischer Unternehmer dadurch aus, dass er sich auf seiner wirtschaftlichen Position nicht ausruht, sondern diese durch Innovation zu verbessern versucht. Die Leistungsmotivation (und gleichzeitig die Gewinnmotivation) rührt bei ihm von dem Wunsch her, die Bedürfnisbefriedigung der Konsumente mit den kleinstmöglichen Produktionskosten erreichen zu können. Innovation und Wachstum sind die Eckpfeiler dieses Unternehmertums, das bei Schumpeter noch erweitert wird durch den Gedanken, den aufgebauten Betrieb irgendwann in die Hände eines Nachfolgers geben zu können.

Ungeachtet des Eindrucks in denen Gründer mit exorbitanten Gewinn- und Wachstumsprognosen aufwarten und so zumindest scheinbar im Geiste Schumpeters handeln – für die meisten Gründer geht es in erster Linie um den Schritt in die Selbständigkeit. Sie wollen „ihr Ding" durchziehen, ihre Ideen verwirklichen, endlich das tun, was ihnen Spaß machen und dabei von niemand anderem mehr Anweisungen entgegennehmen. Die ein funktionsfähiges Unternehmen schaffen wollen und keines, das wirtschaftlich „durch die Decke geht".

Ist es unter diesen Voraussetzungen nicht obsolet, immer noch auf einer Unternehmerpersönlichkeit zu beharren, wenn diese Art zu denken für die meisten Gründer/Unternehmer/Selbständige auf den ersten Blick gar keine wirkliche Relevanz mehr hat? Nicht unbedingt, denn auch wer eine Existenz gründet, um sich vornehmlich mit sich selbst und seiner Arbeit auseinandersetzen zu müssen und dabei erst einmal gar nicht Erwägung zieht, diese Existenz zu etwas Größerem zu machen, darf nicht blauäugig vorgehen.

Die Sache mit der Persönlichkeitsentwicklung

Das gilt im Übrigen in vielerlei Hinsicht, wobei die Unternehmerpersönlichkeit als Eignungsmaßstab und vermeintlicher Erfolgsgarant ganz besonders kritisch betrachtet werden muss. Die Gründe hierfür sind folgende:

Es gibt ohne Frage eine Reihe von Eigenschaften, die es für die Unternehmensführung – ganz gleich, wie groß oder klein dieses Unternehmen ist – braucht oder die zumindest vorteilhaft sind. Die müssen aber nicht zwingend auf die Persönlichkeit beschränkt sein. An dieser Stelle ließe sich eine fast beliebig lange Liste von Eigenschaften aufführen, die allgemeinhin als Voraussetzung für das Gründen betrachtet werden.

Manche dieser Eigenschaften sind auf den ersten Blick recht abstrakt, wie die intrinsische Motivation etwa oder die Befähigung zu konstruktiven Problemlösungsstrategien. Andere scheinen da klarer, wie Risikobereitschaft – immerhin ist es grundsätzlich ein Wagnis, den Schritt in die Selbständigkeit zu tun. Das ist es umso mehr, wenn die Gewissenhaftigkeit fehlt, sich mit den vorher zu vollziehenden Schritten auseinanderzusetzen. Die wiederum ist nur bedingt hilfreich, wenn die Kreativität für eine interessante Geschäftsidee fehlt.

Viele dieser Eigenschaften lassen sich leicht auf das Big Five-Modell zurückführen und ebenso leicht lässt sich darüber vergessen, dass es neben den (zahlreichen) psychologischen Faktoren eine mindestens genauso große Zahl an Voraussetzungen gibt, die ebenfalls ausschlaggebend für den Erfolg eines Unternehmens sein können: eine solide Ausbildung etwa oder Berufserfahrung, Startkapital, grundlegendes Wissen in Sachen Buchführung oder ein generelles Verständnis für die Funktionsweise wirtschaftlicher Zusammenhänge. Alles Dinge, die eher nicht durch Persönlichkeitsfaktoren erfasst werden, aber zum Gründen unerlässlich sind.

Keine Unternehmerpersönlichkeit ist statisch

Was alle diese Voraussetzungen und Eigenschaften wiederum gemeinsam haben, was durch Persönlichkeitstest und Modelle aber nicht abgebildet werden kann: Sie können sich verändern. Die Betrachtungsweise der Unternehmerpersönlichkeit ist viel zu oft noch bestimmt von dem Gedanken, dass die damit verbunden Eigenschaften entweder vorhanden sind – oder eben nicht. Tests für potenzielle Gründer, fragen in erschreckender Knappheit ab, ob die erforderliche Eignung der Persönlichkeit für die Selbständigkeit vorliegt.

Dabei kann ein solcher Test bestenfalls eine Momentaufnahme sein (und selbst die wäre nicht ansatzweise vollständig). Wo bleibt denn in dieser Konstellation der notwendige Raum, um Fähigkeiten und Eigenschaften zu entwickeln? Die irrige Annahme von Eignungstests – die im Übrigen auch beim Bundesministerium für Wirtschaft und Energie (BMWi) zwecks Entscheidungsfindung absolviert werden können – ist ja schlicht und ergreifend, die Unternehmerpersönlichkeit mit all ihren Eigenschaften sei entweder vorhanden oder nicht.

Entweder ist man also ein Unternehmer, dann steht der Gründung und dem Erfolg nichts im Wege, oder man ist kein Unternehmer. In diesem Fall, so scheint es, müssten viele innovative Geschäftsideen bereits im Vorfeld abgeschrieben werden, weil offenbar die unternehmerische Eignung fehlt, sie mit Erfolg zu verwirklichen. Dabei ist es doch gerade die Grundidee hinter Startups – sofern sie nicht in erster Linie darauf hinauslaufen, eine wohlvertraute Tätigkeit nun nicht mehr als Angestellter, sondern als Selbständiger auszuüben –, etwas vollkommen Neues zu schaffen.

Ausgehend von der Idee für eine neue Dienstleistung oder ein neues Produkt beginnen in vielen Fällen ja erst die Überlegungen, ob diese Idee überhaupt in ein Geschäftsmodell übertragbar ist – und ob das mit den eigenen Mitteln machbar ist. Ist für die nächsten Schritte zwingend eine Unternehmerpersönlichkeit notwendig, sofern es sie überhaupt gibt? Höchstwahrscheinlich nicht, aber das hängt von unterschiedlichen Faktoren ab:

- Zum einen geht es um den persönlichen Antrieb, eine Idee weiterzuentwickeln und ein Geschäft daraus zu machen. Wie oben bereits angedeutet wurde, muss dieser Antrieb nicht unbedingt in der Schumpeter'schen Vorstellung eines leistungs-, wachstums- und gewinnorientierten Unternehmers liegen. Selbstverwirklichung kann ebenso gut ein wichtiger Antriebsgrund sein.

- Der andere Grund ist darin schon implizit enthalten, denn Erfolg – persönlicher oder Unternehmenserfolg – liegt letztlich im Auge des Einzelnen. Es muss nicht immer jede Geschäftsidee global gedacht werden, es muss nicht immer um stetige Verbesserung und das Überflügeln der Konkurrenz gehen. Das macht viele der heutigen Gründer nicht weniger zu Unternehmern, es gelten für sie nur andere Maßstäbe.

Die eigene (Unternehmer)Persönlichkeit entwickeln

An dieser Stelle kann also festgehalten werden, dass es so etwas wie eine inhärente, von Anfang an vorhandene Unternehmerpersönlichkeit nicht gibt und die Begrifflichkeit unter den besonderen Voraussetzungen heutiger Existenzgründungen ohnehin als inadäquat betrachtet werden muss. Das heißt gleichwohl nicht, dass es nicht durchaus Eigenschaften gibt, die für einen Gründer, ganz gleich wie groß das von ihm angestrebte Geschäftsmodell werden soll, von Vorteil sind (wie sie im Übrigen für jeden Berufstätigen von Vorteil sein können, ob angestellt oder selbständig).

In unserem Beitrag „Hast du das Gründer-Mindset in dir?“ erläutert Christian Neumann beispielsweise, wie wichtig die richtige Denkweise für Gründer ist. Wichtig ist aber auch zu wissen, dass diese Denkweise nicht zur Grundausstattung eines Gründers gehören muss, denn jeder kann sie sich aneignen. Wer der mitgelieferten Anleitung folgt und die angeführten sieben Faktoren beherzigt, dürfte es auf dem Weg zum erfolgreichen Unternehmertum deutlich leichter haben.

Ganz gleich, ob man es Unternehmer- oder Gründerpersönlichkeit nennt, es besteht immer die Möglichkeit, sich weiterzuentwickeln. Das gilt für Fähigkeiten genauso wie für die Persönlichkeit oder – wie in diesem Fall – die Art und Weise zu denken.

Trotz allem – die wichtigsten Voraussetzungen

Der Mindset-Beitrag verweist aber gleichzeitig auch auf einige „Eckpfeiler", auf denen eine Gründerpersönlichkeit ruhen sollte – unabhängig davon, wie weit sie bereits entwickelt ist. Offenbar geht es am Ende doch nicht ohne eine gewisse „Grundausstattung". Das soll hier auch keineswegs abgestritten werden, denn ungeachtet empirischer Belege sagt einem schon der gesunde Menschenverstand, dass bestimmte Eigenschaften dabei helfen, ein Geschäft aufzubauen, am Leben zu halten und vielleicht doch zu vergrößern.

Nur zum Verständnis sei noch einmal wiederholt, dass die nachfolgend aufgelisteten Eigenschaften und Persönlichkeitsfaktoren zwar vorteilhaft, aber bei weitem keine Ausschlusskriterien für eine Existenzgründung sind. Es geht dabei auch nicht um die Frage, ob Persönlichkeitsfaktor XY vorhanden ist oder nicht, vielmehr sollten sich angehende Gründer fragen wie weit dieser Faktor bei ihnen entwickelt ist – und wie weit er noch entwickelt werden kann.

1) Intrinsische Motivation

Kann auch mit der Fähigkeit zur Selbstmotivation umschrieben werden. Das heißt, anders als bei McClelland speist sich die Motivation nicht aus dem Streben nach Leistung, Macht oder sozialer Anerkennung, sondern aus der gestellten Aufgabe (und deren Lösung) selbst.

2) Selbstwirksamkeit

Wer den Schritt hin zu einer Gründung wagt, muss über ein Mindestmaß an Selbstwirksamkeit verfügen. Denn hinter dieser Entscheidung steht normalerweise die Erkenntnis und Überzeugung, dass nur durch das eigene Handeln etwas bewegt werden kann. Auf der anderen Seite kann die Selbstwirksamkeit aber auch noch weiterwachsen, wobei Meilensteine auf dem Weg zum ersten eigenen Unternehmen oder erste Erfolge mit demselben beitragen.

3) Kalkulierte Risikobereitschaft

Die Fähigkeit zum eigenverantwortlichen Handeln geht für Gründer einher mit der Bereitschaft, gewisse Risiken in Kauf zu nehmen - aber in vollem Bewusstsein der möglichen Konsequenzen, wenn diese Risiken doch zu groß werden sollten. Etwas zu wagen ist die eine, alles auf eine Karte setzen die andere Seite der Medaille.

4) Toleranz gegenüber Ungewissheit

Ein ganz ähnlicher Faktor ist die Fähigkeit, Situationen mit ungewissem Ausgang zu begegnen. Der akribischste Businessplan mit der fundiertesten Analyse der Marktchancen sagt am Ende nur wenig darüber aus, ob die Existenzgründung ein Erfolg wird oder nicht. Vor allem sehr strukturierten Menschen dürfte es schwerfallen, diese Toleranz zu entwickeln. Wer sich eher von seiner Intuition leiten lässt, hat es in dieser Hinsicht leichter.

5) Effizienz und Zeitmanagement

Umgekehrt sind Strukturen ein unbedingter Erfolgsfaktor, wenn es beispielsweise um die Einteilung von Arbeitszeit und das Erreichen von Zielen (im Sinne erledigter Aufgaben) geht. Damit die tägliche/wöchentliche Arbeitszeit in einem erträglichen Rahmen bleibt und die Arbeit dabei trotzdem nicht liegen bleibt, ist ein strukturiertes Vorgehen unerlässlich. Bei Schwierigkeiten hilft es womöglich, auf die altbekannte To-Do-Liste zurückzugreifen, um den Überblick zu behalten und produktiv zu bleiben.

6) Problemlösungsstrategien

In einer ähnlichen Kategorie bewegt sich die Fähigkeit, neuen Aufgaben mit konstruktiven Problemlösungsstrategien begegnen zu können. Allerdings ist es in diesem Bereich weniger wichtig, ob auftretende Probleme analytisch oder intuitiv angegangen werden – wichtig ist am Ende nur, aus schwierigen Situationen einen Ausweg finden zu können.

7) Emotionale Stabilität

Ein Punkt, der bereits im Zusammenhang mit den Big Five-Persönlichkeitsfaktoren genannt wurde. Während es bei den zuvor genannten Problemlösungsstrategien darum geht, Schwierigkeiten aufzulösen, meint emotionale Stabilität die Fähigkeit, solche Schwierigkeiten (bis hin zu schwerwiegenden Misserfolgen) mit kühlem Kopf ertragen zu können. Auch hierbei handelt es sich um eine Eigenschaft, die mit der Zeit wachsen kann. Gleichzeitig hilft sie selbst dabei, an einem möglichen Scheitern zu wachsen und danach trotzdem weiterzumachen, ohne angesichts einer Krise die Fassung (oder den Mut) zu verlieren.

8) Durchsetzungsvermögen

Das darf nicht falsch verstanden werden, denn hiermit ist keineswegs das kompromisslose Durchsetzen der eigenen Meinung oder Vorstellung gemeint. Natürlich ist es für Gründer wichtig, ihre Interessen und Standpunkte vertreten und behaupten zu können. Allerdings sollte immer noch genug Nachgiebigkeit und Offenheit vorhanden sein, um auch andere anzuhören.

9) Belohnungsaufschub

Die größte Aufmerksamkeit bekommen üblicherweise Startups, die in kurzer Zeit enorme wirtschaftliche Erfolge erzielen können. Der Normalfall ist das aber nicht, ausbleibende Gewinne in der Anfangszeit eines Unternehmens hingegen schon. Es ist deshalb wichtig, eine gewisse Toleranz zu entwickeln, wenn sich die Neugründung nicht umgehend finanziell auszahlt. Die Psychologie hat in diesem Zusammenhang jedenfalls belegen können, dass Selbstkontrolle absolut erlernbar ist.

Das Vorhandensein oder Nicht-Vorhandensein dieser oder weiterer Persönlichkeitsfaktoren sagt aber letzten Endes nur wenig über den tatsächlichen Erfolg als Unternehmer aus. Die Wahrscheinlichkeit mag sich erhöhen, aber es gibt neben der Persönlichkeit des Gründers so viele Einflussfaktoren, die rein gar nichts mit der Person und ihren Eigenschaften und Fähigkeiten zu tun haben, aber dennoch mitentscheiden über Erfolg oder Misserfolg.

Viel wichtiger ist deshalb das Zusammenwirken einer zu Ende gedachten Geschäftsidee, der notwendigen Zeit, um diese in ein Unternehmen zu übertragen und vor allem der persönliche Antrieb. Ist letzterer in ausreichendem Maße vorhanden, ist zumindest die Grundvoraussetzung gegeben, um all die Eigenschaften im Verlauf des Gründungsprozesses und darüber hinaus zu entwickeln, die das eigene Unternehmen für den Erfolg braucht. Sogar ganz ohne „Unternehmerpersönlichkeit".

Fazit

Von einer festgeschriebenen und gewissermaßen „angeborenen" Unternehmerpersönlichkeit auszugehen, kann und sollte für Gründer nicht der Ansatz sein, die eigene Befähigung zu überprüfen. Genauso falsch wäre es, diese ominöse Unternehmerpersönlichkeit zum alleinigen Grund für den wirtschaftlichen Erfolg zu machen. Am Ende sprechen also viele Gründe dafür, sich von dieser Vorstellung zu lösen:

- Obwohl es Persönlichkeitsfaktoren gibt, die sich nach empirischen Studien als positiv für den Unternehmenserfolg erwiesen haben, sind diese allein kein Garant für diesen Erfolg.

- Die Eigenschaften, die einem Gründer/Unternehmer bei der Verwirklichung seines Vorhabens helfen, können auch „erlernt" werden. Die Persönlichkeit ist schließlich nicht statisch und die Eigenschaften, die als unerlässliche Voraussetzung für das Gründen gelten, entwickeln sich vielfach erst im Zuge dessen – durch die schiere Notwendigkeit.

- Bei der Definition der Unternehmerpersönlichkeit wird für gewöhnlich von einem bestimmten Typus Unternehmer ausgegangen, in dem sich viele Gründer der heutigen Zeit gar nicht mehr wiederfinden. Dadurch werden sie aber nicht automatisch weniger zu Unternehmern, sie werden es nur unter anderen Vorzeichen.

- Dazu gehört auch die eigene Definition von Unternehmenserfolg. Persönliche Wünsche wie Selbstverwirklichung oder Unabhängigkeit sind ebenso legitime Gründe für eine Firmengründung wie das Streben nach wirtschaftlichem Wachstum.

Was am Ende wirklich zählt, um das eigene Unternehmen zum gewünschten Erfolg zu führen, ist deshalb der richtige Antrieb und unumstößliche Beharrlichkeit. Alles Weitere ergibt sich zwar nicht von selbst, aber durch Eigeninitiative und die Offenheit dafür, sich als Gründer auch gelegentlich verändern zu müssen.

Bonus 6

Produkte importieren & erfolgreich verkaufen

Die Zahl der Menschen, die sich mit einem Onlineshop selbstständig machen möchten, ist in den letzten Jahren stark angestiegen. Das Internet zeigt, dass es heutzutage überhaupt nicht notwendig ist, eine eigene Firma zu gründen, Miete zu zahlen und beispielsweise ein Geschäft im Zentrum der Stadt zu eröffnen.

In der modernen Welt sieht die Zukunft etwas anders aus und zwar vor dem Computer zu Hause. Einige Menschen sehen Onlineshopping (Amazon & Co.) als eine seriöse Möglichkeit an, um schnell etwas Geld neben ihrem eigentlichen Hauptberuf dazuzuverdienen.

Allerdings gestaltet sich aus dem Nebenberuf schnell eine Vollzeitbeschäftigung, die ihre Früchte trägt. Um sich vorerst eine nebenberufliche Selbstständigkeit zu ermöglichen, bietet sich zum Beispiel Amazon FBA an. Hierbei handelt es sich um den Handel von Waren auf der Internetplattform Amazon. Je nach Arbeitseinsatz, kannst du mit dieser Form des Onlinehandels ein ziemlich lukratives Business aufbauen. Bei der Abkürzung FBA, die hinter dem allen bekannten Namen Amazon steht, handelt es sich um „Fulfillment by Amazon". Damit wird gemeint, dass Amazon nicht selbstständig die Artikel verkauft, sondern dritten Verkäufern eine Möglichkeit bietet, um ihre eigene Ware zu verkaufen. Amazon dient in dieser Konstellation als ein Logistikzentrum und bietet eine große Plattform mit einer großen Reichweite.

Dabei hört für dich als Gründer die Unterstützung seitens Amazon nicht auf: Amazon hilft dir bei der Lagerung der Waren, Abwicklung der Zahlungen sowie bei der Bearbeitung der Bestellvorgänge. Wenn du dieses Geschäftsmodell mit vielen anderen vergleichst, wird dir klar, dass hier eine lukrative Möglichkeit besteht, Geld zu verdienen, ohne dafür einen großen zeitlichen oder finanziellen Aufwand zu betreiben. Außerdem benötigst du auch nicht viel technisches Know-how. Wenn du einen zeitintensiven Hauptberuf ausführst und dich in die Welt des Onlinehandels wagen möchtest, solltest du es mit dem Amazon FBA probieren.

Die richtigen Produkte finden

Du fragst dich nun sicher, in welcher Branche du die besten Produkte für dein Geschäft finden kannst. Generell kann man heute alles im Internet kaufen und verkaufen, vom Schuh bis zum neuen Wagen ist alles möglich. Bei FBA möchtest du jedoch nur die Produkte verkaufen, die hohe Margen, geringe Versandkosten (durch Amazon) und möglichst niedrige Retouren mit sich bringen. Fangen wir doch mal von Hinten an.

Deutschland ist in vielen Bereichen spitze. Dies gilt leider auch für das Zurücksenden von Produkten an die Händler. Die Gründe für dieses Konsumentenverhalten wird von Verbraucherplattformen und Umfrageinstituten regelmäßig überprüft und auf seine

Ursachen hin untersucht. Vor allem die Qualität der Produkte, vorhandene Mängel oder nicht erfüllte Anforderungen sind verantwortlich für einen Großteil der Retouren. Auch die Möglichkeit, in Onlineshops einzukaufen, wirkt sich auf das Verhalten der Konsumenten bezüglich der Rücksendung von Produkten aus.

Es gibt heute Onlineshops für nahezu alle Produkte, die man käuflich erwerben kann. Allerdings ist bei manchen Produkten die Retourenquote höher als bei anderen. Falls du mit dem Gedanken spielst, einen Onlineshop zu eröffnen, muss dir vorher klar sein, welche Produkte du verkaufen möchtest. So kannst du von vornherein das Risiko minimieren, einmal verschickte Ware zurückzubekommen und das Geld zu erstatten.

Es werden immer wieder Befragungen durchgeführt, in deren Rahmen Kunden angeben, welche Produkte sie am ehesten behalten und welche sie zurücksenden. Da vor allem die jüngere Generation der 14- bis 30-jährigen Kunden die kaufstärkste Zielgruppe ist, beziehungsweise in Zukunft sein wird, konzentrieren sich Umfragen in vielen Fällen auf diese Kreise von Konsumenten.

Dabei stehen die umsatzstärksten Produktgruppen im Fokus:

- Elektronik
- Fashion
- Medien/Bücher

Als Entscheidungskriterium, ob sie einen Artikel zurücksenden oder nicht, wurde die Bezahlart und das Geschlecht (also Rechnung, Vorlasse oder E-Payment) ausgewählt. Tatsächlich stellt sich heraus, dass die Kunden am häufigsten Artikel aus der Produktgruppe Fashion zurücksenden. Elektronik, Bücher und Medien dagegen werden nur selten als Retouren an den Händler zurückgegeben. Von manchen werden auch die folgenden Artikelgruppen als besonders erfolgreich angesehen, was auch bedeutet, dass sie nur selten zurückgeschickt werden:

- Computer (inklusive Zubehör),
- Spielzeug,
- Sport/Freizeit,
- Haushaltswaren,
- Uhren/Schmuck,
- Dekoartikel/Möbel.

Viele der oft gesuchten Artikel haben also entweder mit der Freizeitgestaltung (Computer, Sport, Spielzeug) oder aber mit der Haushaltsführung (Einrichtungs- und Dekorationsgegenstände, Haushaltswaren) zu tun.

Um unnötige Retouren zu vermeiden, müssen deine Produkte bestimmte Kriterien erfüllen, die dafür sorgen, dass die Ware beim Kunden bleibt und nicht von ihm zurückgeschickt wird. Am seltensten werden dringend benötigte Artikel von Kunden zurückgeschickt. Dazu zählen unter anderem medizinische Hilfsmittel, Arzneimittel (rezeptfrei) oder Nahrungsergänzungsmittel, die zur Versorgung und Unterstützung von Senioren oder Patienten gebraucht werden. Sorge als Shopinhaber vor allem dafür, dass die von dir verkaufte Ware von hoher Qualität. Mängel bei einem Produkt ist immer noch einer der am häufigsten genannten Gründe für eine Rücksendung. Ebenso oft wird als Grund für eine Retoure angegeben, dass das Produkt nicht dem entspricht, was die Beschreibung versprochen hat. Die korrekte Artikelbeschreibung ist existenziell. Stelle deshalb sicher, dass die Produkte in deinem Shop das können, was in der Warenbeschreibung angekündigt wurde. Hat jemand eine originalverpackte Digitalkamera bestellt und bekommt eine Kamera, die einen gebrauchten Eindruck macht, wird er sie sofort zurückschicken.

Um deine Kunden zufriedenzustellen, gehört beispielsweise auch, dass sie Ware in der Größe erhalten, die sie bestellt haben. Dies ist vor allem bei Produkten aus dem Bereich Fashion wichtig. Mit einem zu weiten Kleid oder zu kleinen Schuhen kann der Kunde natürlich nichts anfangen und wird sie zurücksenden. Die richtige Größe ist also wichtig, um dem Kunden keinen Grund für eine Retoure zu geben. Auffällig ist auch, dass Kunden sehr günstige Produkte, die weniger als 20 Euro kosten, nur sehr selten zurücksenden. Hier mag eine Rolle spielen, dass der Verlust von 20 Euro für Topflappen eher zu verkraften ist, als 500 Euro für eine defekte Digitalkamera.

Welche Produktgruppe du in deinem Onlineshop verkaufst, hängt vor allem von deinen eigenen Interessen ab. Auf jeden Fall ist es sinnvoll, sich für Produktgruppen zu entscheiden, bei denen die Gefahr von Retouren möglichst gering ist. Um die Quote an Rücksendungen so gering wie möglich zu halten, kannst du selbst einiges tun. Mit guten und detaillierten Produktfotos, einer objektiven Artikelbeschreibung sowie einem sicheren Versand zum Kunden lassen sich Rückgaben verhindern. Verkaufe am besten Produkte, die nicht zu denen gehören, die laut Statistik am häufigsten zurückgeschickt werden und wenn du beispielsweise einen Onlineshop für Fashion eröffnest, überlege dir, wie du Retouren am besten vermeiden kannst.

Seriöse Händler finden

Dein Produkt ist herausgesucht, doch nun brauchst du den richtigen Händler. Einen seriösen Händler, zum Beispiel auf Alibaba zu finden klingt auf dem Papier wirklich leicht: Schau, wie lange der Händler dabei ist, werfe ein Blick auf die Bewertungen, vergleiche die Preise und los geht´s. In der Tat sind es wichtige Argumente, doch leider kannst du dich absolut nicht drauf verlassen. Bei einigen Produkten haben wir dutzende Händler anschreiben müssen, bis wir einen passenden Händler finden konnten.

Bei ALLEN Händlern bei denen wir aufgrund des niedrigen Preises angefragt haben, hat sich der Preis schlussendlich als teurer herausgestellt. Beispiel: Bei der Suche nach Whiskysteinen hatten wir von Anfang an ein merkwürdiges Gefühl. Ein Großteil der Preise hat sich nur unwesentlich von den Amazon-Preisen unterschieden, mit Versand und FBA-Kosten wäre das fast eine Nullnummer. Auf der anderen Seite gab es dann Händler, die deutlich unter dem Preis lagen, bis man konkret gefragt hat. Bei dem einen Händler bezog es sich nur auf die Umverpackung der

Whiskysteine, beim nächstes Händler ging es um die Stückpreise der Steine, ein anderer Händler verlangte Versandkosten die so hoch waren, dass er die scheinbar persönlich vorbeibringen würde. Schlussendlich haben wir uns dann gegen das Produkt entschieden, obwohl wir hier viel Zeit in die Kommunikation mit den Händlern gesetzt haben. Auch du musst für dich irgendwann erkennen, dass weiteres Verhandeln schlicht keinen Sinn mehr macht.

Alibaba verlangt deine Nummer, auch beim Versand der Produkte wird nach deiner Nummer gefragt, das ist natürlich sinnvoll. Insbesondere wenn es unerwartet Probleme mit deinem Paket gibt, ist die Angabe der Nummer unglaublich wichtig. Merkwürdig wird es jedoch, wenn plötzlich fremde Nummern dir WhatsApp Nachrichten schicken. Wir hatten mehr als eine Kontaktaufnahme via WhatsApp, wenig überraschend ohne vorige Rücksprache. Solange du keine lange Beziehung zu deinem Händler aufgebaut hast, solltest du nur die Plattform selbst für den Kontakt nutzen, alles andere ist schlicht unseriös.

Der Kontaktaufbau scheint auf den ersten Blick der wohl einfachste Punkt zu sein: Händler schreiben, dass man ein Produkt haben möchte, bezahlen und fertig. Oder etwa doch nicht? Du wirst dich wundern, wie oft die Kommunikation mit einem Händler im Endeffekt gescheitert ist. Diese fehlgeschlafenen Händlerkontakte haben uns nicht nur viele Nerven, sondern auch extrem viel Zeit gekostet. Damit dir diese Probleme nicht unterlaufen, werden wir die wichtigsten Tipps zum richtigen Händlerkontakt ausführlich behandeln.

Schlechte Sprachkenntnisse

Nein, wir meinen nicht deine Sprachkenntnisse (dazu erfährst du übrigens auf den folgenden Seiten noch einen genialen Tipp, der uns die Übersetzungsarbeit um ein Vielfaches erleichtert hat), es geht um den Kontakt deines potentiellen Händlers. Mehr als einmal hatten wir auf eine sehr konkrete Anfrage verwirrende Antworten bekommen. Hier heißt es: Nicht weiter versuchen! Wenn es schon bei einfachen Anfragen zu inhaltlichen Problemen kommt, kannst du bei komplexeren Fragen jede Form von verständlicher Rückmeldung vergessen.

Natürlich darf bei einer Nachricht das obligatorische "Wie geht es Ihnen" nicht fehlen, aber manche Händler gehen nicht auf die eigentliche Anfrage ein sondern probieren fast schon eindrucksvoll deine Zeit mit überflüssigen Inhalten zu verschwenden. Du kannst natürlich probieren dem Händler anschließend auf das richtige Thema zu locken, oft stellte sich das aber als aussichtslos heraus.

Qualität der Produkte überprüfen

Du möchtest natürlich Produkte verkaufen, die deine Kunden überzeugen und begeistern. Wichtig ist es daher, dass du dich über die Qualität persönlich schlau machst. Große Händler mit gigantischen Stückzahlen fahren dafür direkt zu den Fabriken und überzeugen sich vor Ort. Wenn wir ehrlich sind, geht der Aufwand einfach zu weit, warum nicht also einfach selbst ein Muster bestellen und so von der Qualität überzeugen.

Du wirst dich sicher wundern, warum die Muster ein vielfaches teurer sind als die Produkte selbst. Der Grund dahinter ist eigentlich recht einfach: Der Versand aus Asien (sofern er nicht mehrere Monate dauern soll) erfolgt über klassische Paketdienste wie DHL oder UPS und ist logistisch entsprechend deutlich aufwendiger, als einfach eine große Ladung einfach in einen Container zu packen. Viele Händler bieten dir auf Anfrage verschiedene Versandmöglichkeiten für die Muster, frage also unbedingt aktiv nach. Nochmal günstiger wird es, wenn dein potentieller Händler direkt mehrere Produkte anbietet, die du vertreiben möchtest. Schaue entsprechend unbedingt auf der Händlerseite, ob du mehr Produkte findest.

Du fragst dich vermutlich, warum man die entsprechenden Produkte nicht bei Amazon bestellt und sich so Zeit und Geld spart. Du wirst schnell merken, dass es eine riesige Auswahl an Händlern für das augenscheinlich gleiche Produkt gibt. Woher willst du also wissen, dass das Produkt dieselbe Qualität bietet? Wir haben bei den Händlern stets gefragt, ob die nicht einen Händler kennen, der genau sein Produkt in Deutschland verkauft. Die Antwort war aber immer gleich: Wir haben Kunden in Deutschland, haben aber keinen Link bei Amazon.

Der Import von Produkten

Importieren von großen Mengen klingt auf den ersten Blick sehr kompliziert, dabei ist es so verblüffend einfach. Händler auf Alibaba verdienen ihr täglich Brot mit dem Verkauf ihrer Produkte in die ganze Welt und bereiten darum zumeist alles für dich so vor, wie du es benötigst.

Bestellen und direkt loslegen? Jain, hier kommt es auf die Frage an, ob du eins unserer vorbereiteten Produkte nutzen möchtest oder dich für andere Produkte interessierst. Wir empfehlen dir ganz klar zuerst einen kleinen Test mit unseren Produkten zu machen und dich so langsam in die Materie einzuarbeiten. Anfangs kannst du vielleicht noch nicht richtig einschätzen, wie schnell sich deine Produkte verkaufen, welche Menge du auf einmal bestellen solltest oder wie weit du nicht doch ein Produkt mit deinem Markennamen drauf vertreiben möchtest.

Regeln beim Zoll

Generell gilt hier: Wartet, was der Zoll euch sagt. Wir haben Produkte mit einer sehr hohen Marge herausgesucht, die Kosten sind also ohne Probleme gedeckelt. Wenn ein Paket beim Zoll ist, werdet ihr aufgefordert, eine Rechnungskopie zuzuschicken, das geschieht ganz einfach per Mail. Aus unser eigenen Erfahrung solltest du folgende Punkte beachten:

- Schicke das Bild als ANHANG, nicht in der Mail selbst
- Nutze die Funktion direkt in Alibaba, die Ansicht kennen die Leute beim Zoll
- Verwendet nur JPG oder PDF Daten

EAN Codes – Was ist das und wofür brauche ich sie?

EAN steht für European Article Number und ist somit eine Artikelnummer, die in ganz Europa gilt. Generell würde der Volksmund wohl "Barcode" sagen, wobei der EAN selbst ein spezieller Code ist. Ein EAN Code wird als einzigartige Identifikationsnummer für ein spezielles Produkt in einer festen Variante genutzt.

Generell gilt: Wenn du ein Produkt bei Amazon einstellen willst, brauchst du einen EAN Code. Dieser Code ist entweder auf dem Produkt bereits vorhanden oder muss von dir noch EINMALIG ergänzt werden. Jede Variante deines Produkts braucht einen eindeutigen EAN Code. Eine schwarze und eine braune Variante des selben Produkts braucht also dennoch eine eigene EAN. Trage dafür um die Ordnung zu halten neben dem EAN Code in deiner Liste ein, welches Produkt du hier angeboten hast. Ein EAN Code kann nur einmalig vergeben werden, selbst wenn du ein Produkt nicht mehr anbietest oder es sehr ähnlich ist. Verwende entsprechend in der Situation einen neuen Code.

So werden deine Produkte auf Marktplätzen wie Amazon gefunden

Der gesamte Aufbau deiner Texte und Suchbegriffe beginnt mit einer Keyword-Recherche. Den Begriff Keyword-Recherche hast du sicherlich schon mal in Zusammenhang mit SEO, der Suchmaschinenoptimierung gehört. Amazon ist zwar auf den ersten Blick keine klassische Suchmaschine, doch setzt genauso auf viele verschiedene Faktoren bei der Platzierung. Dazu gehören nicht nur der Titel des Produktes sondern auch andere Aspekte wie beispielsweise die Schlüsselwörter, aber auch Verkaufszahlen, Bewertungen, Absprungrate und vieles mehr. Zusammenfassend kann man aber vorab schon eins festhalten: Amazon möchte den Kunden weit oben das Produkt anbieten, bei dem es die höchste Kaufwahrscheinlichkeit sieht.

Für die Suchbegriffe setzen wir auf Tools, die man normalerweise im klassischen SEO verwenden würde. Diese Tools werden vor allem von Profis benutzt, wir zeigen dir aber, wie du sie auch für dich verwenden kannst. Normalerweise würde man im SEO einen großen Fokus auf Suchvolumen legen, auf Amazon wird aber anders gesucht. Wir gehen hier nur auf kostenfreie Lösungen ein, auch wenn es noch weitere Tools wie z.B. Mangools gibt.

Keyword-Tool für Profis: Keywordtool.io

Wer bisher etwas mit SEO zu tun hatte wird sich nun sicher fragen, warum wir nicht über den Keywordplaner arbeiten. Der einfache Grund ist, dass der von Google immer weiter reduziert wird und schon langen icht mehr soviele gute Ergebnisse liefert wie andere Tools. Keywordtool.io zeigt dir nicht nur für Google passende Schlagworte, sondern auch direkt für Amazon. Wenn du hier deinen Überbegriff suchst, zum Beispiel USB Kabel, entsteht hier eine lange Liste mit den unterschiedlichen Begriffen, die Amazon selbst dem Kunden vorschlägt. Lade dir nun diese Liste runter und lösche die Begriffe raus, die bei dir nicht passen. Hier schadet etwas Fachwissen sicherlich nicht. Bei unseren Produkten haben wir die Arbeit natürlich für dich übernommen, bei eigenen Produkten kannst du sonst sicherlich jemanden mit Fachwissen fragen.

Der richtige Produkt-Name:

Du hast nun eine Liste interessanter Schlagworte, nun brauchst du den geeigneten Produktnamen. Theoretisch kannst du nun bis zu fünfhundert Zeichen eingeben, aber mal ehrlich, welche Variante würdest du anklicken:

- Micro USB Kabel
- Micro USB Kabel 1 m schwarz - Hochwertiges Kabel für Android Smartphones, Tablets und andere Geräte
- Micro USB Kabel 1 Meter lang in schwarz, ein hochwertiges Kabel für viele Android-Handy, Tablets oder auch andere Sa-

chen wie Playstation 4 Controller und vieles mehr

Der Aufbau sollte daher wie folgt sein:

1. Der generelle Begriff (Micro USB Kabel)
2. Eins, zwei wichtige Eigenschaften (1 m schwarz)
3. Beliebiges Trennzeichen wie - | – oder weitere
4. Kurze, faktische Beschreibung

Die richtige Produkt-Beschreibung

Die Beschreibung ist nicht nur ein direkter Rankingfaktor, er bedient zwei weitere Faktoren, die aber durch den erhöhten Kaufabschluss durchaus ins Ranking reinspielen.

1) Schlagwort-optimierter Text

Achte beim Schreiben des Textes darauf, dass du auf die Begriffe eingehst, die du bereits in deiner Liste hast. So zeigt du Amazon nochmal, dass das Produkt perfekt zu dem Begriff passt. Beispiel: Die schwarze Armbanduhr für Herren ist ein absoluter Blickfang Gemerkt? Schwarze Armbanduhr für Herren ist ein wichtiges Schlagwort für dich, fühlt sich aber wie natürlicher Text an.

2) Emotionen mit deinem Text erwecken

Wecke im Text positive Emotionen, die mit dem Produkt verbunden werden können. Bei etwas wie einem Ladekabel mag es schwer sein, aber bei der Uhr kannst du aktiv mit dem "Gefühl" dahinter werben. Beispiel: Gönnen Sie sich ein Stück Luxus für den Alltag.

3) Die Angst vor dem Kauf nehmen

Mache dem Kunden kurz und knackig klar, dass der Kauf des Produktes richtig ist. Sprich daher über die Qualität des Produktes und vermittle das Gefühl, kein anderes Produkt dieser Art zu brauchen. Beispiel: Warum unzählige Uhren im Schrank haben, wenn Sie in Zukunft eh nur noch diese Eine tragen möchten.

Neben der klassischen Produktbeschreibung gibt es noch die Produktfeatures. Die kannst du ähnlich behandeln wie die Beschreibung, solltest aber einen größeren Fokus auf die Features setzen. Emotionen gehören entsprechend in die Beschreibung.

Aus eigener Erfahrung können wir dir sagen, dass ein Text selten beim ersten Anlauf perfekt ist. Schreibe daher die Beschreibung Abends fertig und schaue die am nächsten Tag nochmal an. Immer noch zufrieden? Dann zeige die einem Freund oder Bekannten, den du als potentiellen Kunden sehen würdest. Wenn auch dieser abnickt, hast du den perfekten Text verfasst.

Kommunikation mit den Kunden

Du hast bereits gelernt worauf du achten musst, um dein Produkt in Amazon möglichst weit oben zu platzieren. Neben der Platzierung ist aber noch ein Punkt sehr wichtig: Die richtige Art der Kommunikation. Dein Produkt hat eine bestimmte Zielgruppe, die sich gerne direkt angesprochen fühlt. Eine moderne Armbanduhr wird daher tendenziell eine andere Gruppe bedienen als der Gehstock. Wir sehen uns selbst gerne einer gewissen Gruppe zugehörig und bevorzugen, ob nun bewusst oder nicht, eben oft diese Gruppen auch im eigenen Umfeld. Wenn nun eine Produktbeschreibung genau auf uns zutrifft, fühlen wir uns mehr angesprochen und bevorzugen dieses Produkt.

Am einfachsten kannst du dafür mit einer sogenannten Kundenmatrix arbeiten. Wir könnten hier jetzt sehr in die Tiefe gehen, denn eine solche Kundenmatrix kann in sehr viele verschiedene Dimensionen gehen. Doch auch im kleinen kann man mit einer Kundenmatrix sehr schnell Resultate sammeln, die einem beim Formulieren der Texte helfen. Wichtig: Gehe hier niemals von deiner eigenen Meinung aus, denke vielmehr in Klischees. Nur so macht eine Kundenmatrix Sinn.

Doch wie sieht so eine Kundenmatrix aus? Lass uns dafür einen Blick auf die Armbanduhr werfen und überlegen, wer diese wohl kaufen wird?

Herrenuhr

- Alter: 16 - 40
- Geschlecht: Männlich
- Finanzieller Raum: Geringes bis mittleres Einkommen
- Ansprüche: Ansprechendes Design für Party- & Business-Look
- Gewünschtes Gefühl: Besonders fühlen, bisschen Business und ein wenig Luxus genießen

Wir würden hier entsprechend in der Bildsprache auf den hochwertigen Eindruck in Kombination mit dem niedrigen Preis eingehen. Der dezente Look eines Accessoires steht hier im Vordergrund, es soll den Gesamteindruck des Trägers abrunden. Eben die perfekte Ergänzung zu einem Casual-Business-Look. Schauen wir uns doch mal eine andere Uhr an, um den Unterschied in den Formulierungen zu merken. Fiktiv schauen wir uns hierfür eine edle Damenuhr an.

Damenuhr

- Alter: 25 - 40
- Geschlecht: Weiblich
- Finanzieller Raum: Hohes Einkommen
- Ansprüche: Luxuriöses Erscheinungsbild
- Gewünschtes Gefühl: Fühlen wie ein VIP

Machen wir uns nichts vor, wer eine teure Uhr trägt möchte auch, dass diese gesehen wird. Wir gehen wir also weg von "Vervollständige deinen Look" hin zum Highlight des Outfits. Hier vermitteln wir mehr das Gefühl der zukünftige Besitzer etwas ganz Besonderem zu sein.

Angst – der Hauptgrund, aus dem Verkäufe entstehen

Ist dir eigentlich aufgefallen, dass unglaublich viele Käufe auf Angst beruhen? Einen Regenschirm hast du, weil du Angst hast nass zu werden. Einen Fahrradhelm hast du, damit du dich bei einem Sturz nicht verletzt. Überlege mal einen Moment, wie oft Angst der Antrieb zum Kauf war? Besonders stark ist dieser Effekt bei Versicherungsprodukten, immerhin möchtest du dich selbst, deine Eigentümer und deine Familie vor unbekannten Gefahren schützen, oder? Dieser Effekt kann auf sehr viele Produkte übertragen werden und sollte unbedingt von dir genutzt werden.

Nein, es geht nicht darum nun absurde Gründe zu finden, warum man das Produkt aus Angst kaufen soll. Ich brauche Besteck weil ich sonst mit der Hand essen muss wäre so ein Beispiel. Du sollst vielmehr überlegen, welche Ängste du mit deinem Produkt nehmen kannst. Hier ist etwas Fingerspitzengefühl gefragt, denn du möchtest (zumindest meistens) nur dezent auf die Angst aufmerksam machen. Wenn du den Text für ein Handyladekabel erstellst, kannst du auf die "Sorge" eingehen was passiert, wenn man nur ein Kabel zuhause hat und dann keinen Ersatz hat. Oder weiter gedacht: Ein Ladekabel im Auto oder unterwegs dabei haben wird sicherlich nicht schaden

Doch die Ängste müssen sich nicht nur auf den Nutzen des Produkts beziehen, du kannst auch auf typische Ängste um das Produkt eingehen. Bleiben wir nochmal beim Beispiel Besteck: Hier ist nicht die Sorge, dass man damit besser oder schlechter essen kann, dafür aber, dass es zum Beispiel schnell zerkratzt oder nicht für den Geschirrspüler geeignet ist. Probiere diese Punkte nur dezent in deine Produktbeschreibung einzubauen, oft wirken solche "Geschichten" gestellt oder zu weit aus der Luft gegriffen. Du möchtest ja eine seriöse Produktbeschreibung für Amazon anfertigen und kein Teleshopping betreiben

Rabattaktionen für Schnäppchenjäger

Wenn wir ehrlich mit uns sind steckt in uns allen ein kleiner Schnäppchenjäger. Ob es nun die gerade günstigeren Lebensmittel im Supermarkt nebenan ist, der Elektromarkt einen Ausverkauf hat oder wir auf Facebook durch Zufall sehen, dass jemand etwas verkauft, nachdem wir schon ewig suchen, widerstehen fällt da schwer. Amazon bietet unterschiedliche Rabattaktionen, die sich für sehr unterschiedliche Aktionsarten nutzen lassen können.

- **Klassischer Rabatt**

  Du reduzierst das Produkt für einen gewissen Zeitraum um x % oder x €. Interessant, wenn dein Produkt normalerweise eh nur einmal gekauft wird. Eine Uhr braucht man tendenziell nur einmal.

- **Mengenrabatt**

  Wenn dein Produkt zum mehrfachen Kauf geeignet ist, wie beispielsweise Besteck, kannst du ab einer größeren Menge einen weiteren Rabatt anbieten.

- **Kombinationsrabatt**

  Sollte dein Produkt ideal zu einem anderen Produkt passen, kannst du hier einen Kombinationsrabatt geben. Auf das Besteck gezogen könnten es die passenden Teller sein.

Du solltest es aber auch hier nicht übertreiben, denn wenn deine Produkte quasi dauernd reduziert sind, verlieren die Aktionen an Wertigkeit. Das beste Beispiel ist wohl der Matratzenladen um die Ecke, der jeden Monat Lagerverkauf hat. Bei günstigen Mitnahmeartikeln wird es dir zwar nicht so schnell zum Verhängnis, der Kunde wird tendenziell nicht lange über den Kauf nachdenken und die Artikelseite zu oft sehen, aber bei hochpreisigen Produkten solltest du sehr genau drauf achten.

So kommst du effektiv an Kundenbewertungen

Wir Menschen machen gerne nur das, was für uns selbst einen erkennbaren Nutzen hat. Bei Kundenbewertungen kann es durchaus der Mitteilungsdrang sein, doch es schadet sicher nicht, weitere Gründe mitzugeben. Klassischerweise probieren Händler mit einfachen Floskeln zu überzeugen, klappen tut es aber nur selten. Seien wir doch mal ehrlich, "Deine Meinung ist uns wichtig" oder "Sie helfen uns, unseren Service zu optimieren" ist einfach ausgelutscht und geht tendenziell mehr auf die Nerven als das es realistisch bringt. Probiere daher subtiler vorzugehen und es mehr aus Kundensicht zu betrachten.

Ein Mehrwert sind Vorteile für den Kunden, wenn er eine Bewertung abgibt. Dabei muss es nicht unbedingt um einen finanziellen Vorteil gehen, auch Aspekte wie Service können hier einen großen Mehrwert bringen. Beispiel: Dein Produkt kommt beim Kunden an, die Beschreibung war aber an einem Punkt etwas unverständlich. Nun kannst du dem Kunden natürlich einfach einen Rabatt geben und das Thema ist erledigt. Sicher wird sich der Kunde nicht beschweren, aber "glücklich" wird ihn das noch nicht machen. Besser wäre hier dem Kunden eine persönliche Nachricht mit einer Stellungnahme zu schreiben.

Es gibt unterschiedliche Anreize, die du deinen Kunden bieten kannst. Dabei unterscheiden sich diese nur unwesentlich von den bei klassischen Rabattaktionen:

- Gib deinem Kunden einen nachträglichen Rabatt
- Gib deinem Kunden einen Rabatt für den nächsten Kauf
- Biete dem Kunden ein weiteres, eventuell anderes Produkt

Dabei ist es hier wie erwähnt sehr wichtig, dem Kunden die persönliche Wertschätzung zu geben. Vermittel auf gar keinen Fall den Eindruck, dass es dir um die Bewertung als wichtiger Faktor geht, vermittel lieber den Gedanken, dass du dich und deinen Service / deine Produkte verbessern willst.

Nun wollen wir mal konkret werden, du hast üblicherweise zwei Möglichkeiten an Bewertungen zu kommen. Variante 1 ist es klassisch per Mail nach einer Bewertung zu fragen, Variante 2 ist eine beigelegte Karte im Paket. Theoretisch kannst du auch bei deinen Kunden anrufen, aber sein wir doch ehrlich, welcher Kunde würde das gut finden?

Eins vorab: Du kannst mit den üblichen Mitteln bei Amazon nur als Powerseller automatische Mails verschicken. Siehe es daher mehr als Information für deine langfristige Karriere. Wenn dich jemand direkt anschreibt, werden dir die Tipps aber natürlich dennoch helfen. Schauen wir uns zuerst die Variante mit der Mail an, hier hast du auch schon ein Beispiel mitbekommen, wir gehen jetzt aber nochmal detailliert in die Einzelheiten ein.

In der Begrüßung darfst du gedanklich zurück in das Kapitel mit der Kundenmatrix gehen. Entscheide dich zuerst, ob du deinen Kunden duzen oder siezen möchtest. Das solltest du entsprechend der Kundenmatrix bestimmen. Schätzt du deine Kunden konservativ ein, solltest du beim siezen bleiben, wenn es dagegen eher "locker" ist, kannst du, insbesondere heutzutage, mit dem du nicht viel falsch machen.

Hier geht es nun um dein Feingefühl: Fall nicht mit der Tür ins Haus, sondern zeig erstmal das Interesse an deinem Kunden. Dein Kunde hat bei dir ein bestimmtes Produkt gekauft, zeig entsprechendes Interesse. Er hat eine Uhr gekauft? Frag, wie er sich mit der Uhr fühlt und ob sie schon oft zum Einsatz gekommen ist. Wähle hier stehts eine Frage, die höchstwahrscheinlich positiv beantwortet wird. Dieser einfache psychologische Trick bewirkt, dass dieses "Ja" auf weitere Fragen übertragen wird.

Jetzt kommt der wichtige Punkt, damit du deine Bewertung bekommst. Wie wir bereits besprochen haben musst du dem Kunden hier zeigen, dass die Bewertung nicht erbettelt sein soll. Die Bewertung soll einen Mehrwert für deinen Kunden haben.

Es gibt einen Grund, warum das Schlusswort oft als der wichtigste Punkt zählt. Schließe entsprechend deine Mail mit einem einfachen, aber einprägsamen Satz ab. Wenn du einen cleveren Gag findest um einen direkten Bezug zum Produkt herzustellen liegst du sicher nicht falsch